石天琦
SHI TIANQI

著

流光不负
岁月静好

三毛
的美丽与哀愁

北京联合出版公司
Beijing United Publishing Co.,Ltd.

图书在版编目（CIP）数据

流光不负 岁月静好：三毛的美丽与哀愁 / 石天琦著 .
—北京：北京联合出版公司，2012.8（2023.1 重印）

ISBN 978-7-5502-1037-0

Ⅰ.①流… Ⅱ.①石… Ⅲ.①三毛（1943~1991）—传记
Ⅳ.① K825.6

中国版本图书馆 CIP 数据核字 (2012) 第 229433 号

流光不负 岁月静好：三毛的美丽与哀愁

作　　者：石天琦
出 品 人：赵红仕
责任编辑：王　巍
封面设计：赵银翠

北京联合出版公司出版
（北京市西城区德外大街83号楼9层 100088）
北京新华先锋出版科技有限公司发行
天津旭丰源印刷有限公司印刷　新华书店经销
字数158千字　620毫米×889毫米　1/16　17印张
2012年12月第1版　2023年1月第2次印刷
ISBN 978-7-5502-1037-0
定价：49.00元

从听到那个消息开始，竟已不知不觉过去了近二十二年的时光，如果她还在世，也已是一位六十九岁的老人了。

还会是那吉卜赛女郎似的装扮吗？还会是那慵懒的神情吗？还会是那并不标准却温柔的普通话吗？

永远不会有答案了。

与她的相遇，是在初二那年，班里的同学开始疯狂传阅一本薄薄的小书：红色的封面上有着骆驼和残阳的图案，书名叫"撒哈拉的故事"，友谊出版公司出版，作者的名字单纯好记：三毛。

我至今仍记得翻开扉页看见三毛的照片时内心的那份羡慕和震动：三毛身穿大红色长裙，梳着辫子，脚上没有穿鞋，只穿着洁白的毛袜，慵懒地席地而坐。我无法抑制地被照片上的女人吸引了。

这本书我一个晚上读了十遍。此后，我像集邮一样收集她新出版的每一本书，在很长的一段时间里，她的书便是我的精神食粮。

在荷西去世后，我甚至还写了一首诗来表达对三毛失去挚爱的痛惜和理解。

在我的少女时代，成为她那样的女子，是一个美丽而执着的梦想，她影响了我的审美，左右着我的兴趣，甚至改变了我的生活轨迹。

是三毛引发了我对家居布置和收藏的兴趣，我曾想：有一天，我也写一本《我的宝贝》，写那些现在在我的客厅里摆放着的宝贝们的故事。

我想这本书的作者天琦应该也如同我一样，是怀着对三毛的深深的喜爱而去写了这本书，让喜欢三毛的人们在她离开这个世界二十二年之后，又有机会去重读她。

她的桀骜不驯即使在今天也未必会被完全接受，她的"浪迹天涯"到今天也未必会被视如正常，但正因为她的独特，才给大家编织了一个绮丽的梦。在梦中，我们与她笔下那些小人物们相遇相识：沙漠里可爱又时常找些麻烦的邻居们，让人心疼的娃娃新娘姑卡，考汽车执照放她一马的沙漠警察，毫不客气的清洁工玛利亚……为她笔下平凡琐碎却充满着奇异冒险的生活所打动，无比向往《白手起家》里她用捡来的垃圾装扮的完美的家："我，走到轮胎做的圆椅垫里，慢慢地坐下去，好似一个君王。"为她与荷西百转千回的爱情故事所叹息，她曾经在演讲中讲述她与荷西的爱情故事，几度哽咽直至无法继续。

她的真实、她的率性，包括她在盛年之期选择离开这个世界的方式，都让她成为一个不可复制的传奇。每个喜爱她的人也都会从她的作品中、人生中收获不同的感悟和理解。天琦的这本书虽然写的是三毛，但融入的是自己的情感，希望会为读者提供另外一个角度去了解三毛。

【目录】

第一卷
Chapter · 01

滚滚红尘一粒沙

流水行云

起初不经意的你
和少年不经世的我
红尘中的情缘
只因那生命匆匆不语的胶着

想是人世间的错
或前世流传的因果
终生的所有
也不惜换取刹那阴阳的交流

来易来，去难去
数十载的人世游
分易分，聚难聚
爱与恨的千古愁

是风，总会有停下来的时候；是云，总会有化作雨的时候；是水，总会有流入大海的时候。但是，停下来不是永久，化作雨不是结束，流入海不是终结。

台湾女作家三毛虽然已经远去，但是她用美丽文字编织的美梦却在一代又一代人的心里生根发芽，并开出了一树一树的鲜花来。

三毛，是一个传奇的女子，她以她特立独行的作品与人格气质，影响了整整一代人的精神生活。她随手撒下的丝路花语，无时无刻不在治疗着一代又一代人的青春困惑；她的传奇经历已经成为一代青年的梦；她的作品更是成为一代青年无法释怀的情结。

三毛，是一个幸运的女子，因为她总能到达最靠近梦想的地方，而"流浪"与"远走他乡"，这些与风餐露宿、以天为被、以地为毯相关的词汇，在她那里却化成了一个个美丽的梦。

三毛，也是一个悲哀的女子，因为再靠近梦想也不代表实现了梦想，再美丽的梦也终归只是梦而已。为了寻找梦中的橄榄树——心中的故乡，三毛不停地行走于远方，从中国台湾到欧洲各地，到撒哈拉沙漠，到中南美洲，最后回到祖国大陆，等等。在这个过程中，她也许找到了所谓的"故乡"，但她仍旧不愿意停下脚步，因为她的故乡不在现实中，而是在一个她从来没有见过的地方。

如果说身体的流浪是三毛的"自愿"与"爱好"的话，那么，心的流浪则是出于无奈。无奈的结果是，孤独与痛苦伴随了她一生。三毛是天生孤独的，命运总是一次又一次地与她开玩笑，让她每次都与心爱的人失之交臂。不能抗拒命运，那么就跟从命运，即便一边跟从一边叹息。也正因为如此，三毛爱上了流浪，也唯有流浪始终陪伴在她的左右，慰藉她早已孤寂的心灵。三毛的流浪也正应了这样一句话：心若没有栖息的地方，到了哪里都是流浪。

有人说，三毛是一个四处流浪漂泊却传统到骨髓的女子；也有人说，三毛是一个敢爱敢恨、永远自由、永远善良、永远美丽的可爱女人；实际上，三毛只是一个懂得为自己而活的人，一个永远的理想主义者，一个永远的行者。

三毛的生命像天空中的白云，随意舒展成自己想要的形象，或绚丽，或光灿，或变幻和漂流，毫不矫揉造作。三毛确实是一个纯真的人，她的世界里容不得半点虚假，也正是这点求真的个性，才使她踏踏实实地活在世界上。也许她的生活、她的遭遇不够完美，但是我们确知：她没有逃避她的命运，她勇敢地直面自己的人生。

"金无足赤，人无完人"，三毛身上或许有众多惹人非议的地方，但这些非议都无法消除她成为一个奇女子的事实，她依然是中国现代文学界的一朵奇葩。正如性格上的小问题掩不住林黛玉灵魂的光辉一样，林黛玉依然是《红楼梦》中最为动人的女子，她的美，在于她有着诗意的灵魂，她是一个真正的女子。

三毛曾经说过，林妹妹是《红楼梦》里非常惹人疼惜的一个角色。也许，三毛喜爱林黛玉就是因为她们之间有些同病相怜吧！同样是才华横溢，同样是善良多情，同样都不能和相爱的人厮守终生。三毛和林黛玉，从某种角度来说，确实很相像。

"这世上有一种人，他们倾听自己内心的声音，并按照它来生活，这种人要么变得疯狂，要么变成一个传奇。"三毛就是这么一个只按照内心声音来生活的人，幸运的是，她没有变得疯狂，而是成为爱她文字的人们心中的一个传奇。

三毛是一朵云，虽然轻轻地飘走了，但她曾经点缀了美丽的天空；三毛是一朵花，虽然默默地凋零了，但香气恒久难以逝去；三毛更是一首歌，你唱着它就会生出许多遐想……

生如夏花

我听见回声
来自山谷和心间
以寂寞的镰刀收割空旷的灵魂
不断地重复决绝，又重复幸福
终有绿洲摇曳在沙漠
我相信自己
生来如同璀璨的夏日之花
不凋不败，妖冶如火
承受心跳的负荷和呼吸的累赘
乐此不疲

我们的生命，在自己的哭声中诞生，在别人的眼泪中结束。一生一世的轮回，谁能不去面对眼泪？

一九四三年三月二十六日，三毛在重庆出生，她的本名是陈懋平，后改名陈平。"懋"是陈氏族谱上属她那一辈分的排行，"平"是父亲期望这个世界再也没有战争，予之以"和平"之意。后来，三毛开始学习写字，可她无论如何都学不会写那个"懋"字。最后，她自作主张地将这个字省去，改称自己为"陈平"。此时，三毛只有三周岁。

　　古人说："先天不足者可以更命，最佳效果者名字也。先天吉命者何以锦上添花，首选运者名字也。"名字是通过字的音、义、形、象、数来摄取五行之气，吸纳物质三波，并通过无数次书写和呼唤，显著地左右着人们的诸多问题。

　　中国有句民谚："三岁看大，七岁看老。"三毛三岁的时候就给自己改了名字，充分显示了她的一种"自我"的性格，也暗示了她无形中早已为自己选好了一条要走的路，一条坚决不回头的路。

　　"三毛"是陈平的一个笔名。三毛曾在作品《闹学记》序中提及"三毛"二字中暗藏一个《易经》的卦。但其中又有什么玄机，就不得而知了。但三毛本人又曾说过："起初起此名（三毛），是因为这个名字很不起眼。另有一个原因就是说我写的东西很一般，只值三毛钱。"

　　三毛还有一个英文名字叫 Echo。Echo 本是希腊神话中的一个森林女神，因美艳至极遭到宙斯妻子的嫉妒而被贬凡间，并被剥夺了表白爱情的能力。一次偶然的机会，Echo 遇到了美男子纳雪瑟斯，并对他一见钟情，但因苦于无法表白而被误解。后来宙斯将纳雪瑟斯变成了一株水仙。Echo 不能忘记与他的爱情，就变成了一位深爱水仙的女神。三毛以 Echo 为名，表白了一个少女满腹哀愁和水仙自恋的心态。

三毛出生在战火纷飞的年代，出生时还不足月，但这些都无法影响她精灵、倔强、任性的个性。幼年的她喜欢书本和农作物，却不要洋娃娃、新衣服。她可以默默独处，不哭不闹，却不允许人捏死蚂蚁，伤害生命。她话虽不多，却喜欢发问，如见苹果挂在树上，她就会问苹果："是不是很痛苦？"当被问及长大后的愿望时，三毛回答："等我长大了，我要做个拾破烂的……"

童年的三毛，冷漠、自闭且逆反心理极强，这可能也和她从小就不受父母重视有关。三毛本人也说过："老二就像夹心饼干，父母看见的总是上下那两块，夹在中间的其实可口，但是不容易受注意，所以常常会蹦出来捣蛋，以求关爱。"

三毛的父亲就曾这样描述过童年时的三毛："三毛小时候很独立，

也很冷淡，她不玩任何女孩子的游戏，她也不跟别的孩子玩。在她两岁时，我们在重庆的住家附近有一座荒坟，别的小孩子不敢过去，她总是去坟边玩泥巴。对于年节时的杀羊，她最感兴趣，从头到尾盯住杀羊的过程，看完不动声色，脸上有一种满意的表情。"

"在重庆，每一家的大水缸都埋在厨房地里，我们不许小孩靠近水缸，三毛偏偏不听话。有一天大人在吃饭，突然听到打水的声音激烈，三毛当时不在桌上。等我们冲到水缸边去时，发现三毛头朝下，脚在水面上拼命拍打。水缸很深，这个小孩子居然用双手撑在缸底，好使她高一点，这样小脚才可打到水面出声。当我们把她提着揪出来时，她也不哭，她说：'感谢耶稣基督！'然后吐一口水出来。"

三毛自幼酷爱文学，她把读书当成一种玩耍。她在三岁时就对张乐平的《三毛流浪记》《三毛从军记》十分着迷，还一边猜一边向父母问字，就这样她在学龄前就阅读了《木偶奇遇记》《苦儿寻母记》《爱的教育》《安徒生童话集》《格林兄弟童话》等书。

此外，童年的三毛已经具有了强于他人的敏锐而细腻的观察力，这对于她后来的写作是一种非常难能可贵的天赋。

大约五岁的时候，三毛跟随父亲去机场接一位从日本归来的朋友。老朋友久别相见，分外亲热，而一旁的三毛，却看出了父亲没有觉察到的东西。她悄悄告诉父亲说，这位远来的叔叔，家里好像刚刚死了人。父亲听了，紧紧攥住了女儿的手，示意她不要胡说。

客人到了三毛家，落座言谈之间，面容悲戚。问及原因，客人说，前几个月他的儿子不幸夭折。三毛父亲想起机场里三毛说的话，不禁暗暗吃惊。

一九四八年，三毛随父母去了台湾，当时她只有六岁。尽管是一个"战争儿童"，尽管屡次迁徙，颠沛流离，但是三毛并不知道其中所含的愁苦滋味。三毛自己也说："我虽然是抗战末期出生的'战争儿童'，可是在我父母的呵护下，一向温饱过甚，从来不知物质的缺乏是什么滋味。"

刚上小学，三毛对内容太浅的语文课不感兴趣，却特别爱读《国语日报》《东方少年人》《学友》等报刊。有时还偷着阅读鲁迅、冰心、巴金、老舍等人的"禁书"，尤其喜欢鲁迅的《风筝》。

家中的藏书翻遍了，三毛便盯上了邻近的一家小租书店。在租书店里，她最初只能读懂一些中国文学作品，但不知从哪一天起，她开始阅读起了西方文学名著:《三剑客》《基督山恩仇记》《飘》《简爱》《傲慢与偏见》。

对书籍的爱好，以及在文学方面所表现出的极高天赋，再加上父母亲自悉心教导，三毛在中国诗词古文、外国文学方面打下了坚实的基础。从那时起三毛已经明确了一件事:"文学的美，终其一生，将是我追求的目标了。"

三毛的童年里，也有很多有趣的回忆。比如当时很流行收集橡皮筋、《红楼梦》人物画片以及糖纸，这些东西可以用钱买，也可以用用过的练习簿换。为此，三毛回家写功课的时候总是特别热心，常常恨不得将一本练习簿快快用完，好去换糖纸。而她的母亲也总弄不懂为什么三毛的练习簿用得那么快，还怪老师作业留得太多呢!

正是因为爱玩跳橡皮筋和收集糖纸这两种游戏，三毛还做过一次"家贼"。为了得到更多的糖纸，三毛从母亲卧室里拿走了一张五块钱的票子。那票子相当于现在的一百二十块台币。因做贼心虚，三毛一整天都心神不定，坐立不安。晚上，三毛趁别人不注意，把那张票子揉成一团，扔进了母亲的卧室里。正是因为有了这样的一次经历，才有了后来她所写的作品《胆小鬼》。

在那样一个知识分子家庭，三毛似乎是个"异类"。在姐姐眼中，三毛是勇敢的、率直的、不肯循规蹈矩的。家里只有三毛一个人敢打破传统。

三毛的自尊心很强，天分极高。她上小学的时候，学生受体罚在学校里是很常见的一件事情，而学生大多也不敢反抗，但她就是不接受。

三毛对一切循规蹈矩的事都觉得很累，一个学期天天上课对她来说太可怕了，她认为整天坐在课堂里很无聊，还不如自己在家看看书。所以有一段时期，孤僻的她常去墓园，在那里看文学书汲取营养。其实在更小的时候，她已经比别的孩子思考得更多了。

读小学四年级时的一天，三毛在上学的路上突然被一头大水牛叮住。那头水牛一路穷追不舍，三毛最后被一位哑巴炊兵救下，从此两人结下了忘年交。这件事一下子引起了同学和老师的怀疑和误解。

炊兵临走前送给三毛一包牛肉干和一张写有地址的纸条。老师发现后，粗暴地打掉三毛手中的牛肉干，并没收了纸条。这件事令三毛自责了一生，也遗憾了一生。

三毛后来说："今生第一次负人的开始，而这件伤人的事情，积压在内心一生，每每想起，总是难以释然，深责自己当时的懦弱，而且悲不自禁。而人生的不得已，难道只用'不是我'三个字便可以排遣一切负人之事吗？"

一位八九岁孩童和一个中年大兵的友谊，因为年龄悬殊、性别差异，而引发同学和老师的强烈质疑和否定。他们不肯相信，一个小女生和哑巴炊兵每日在校园里会面，只是蹲在地上写写画画，用简单的手势、歪歪扭扭的字迹传递朴素的友谊。他们以狭隘丑恶的心理自以为是地猜度判断这背后隐藏着见不得人的勾当——对无亲无故的小女生，炊兵一定怀有下流无耻的念头与企图！一个美丽的女孩，一次次纯真的会面，就这样被世人玷污了。

　　当时三毛心中沉淀下来的只有感动和那一刻真实存在的平静。留在身旁的一丝温存，真真切切地出现在离别的地方。这却不是她想要的感觉。离别后事情好像有些突兀，三毛一时间忘记了在这个时刻如何表现。淡淡的伤感在周围飘荡，不论舍得不舍得，厚重的暗色把气氛转向了悲凉。

　　三毛多么希望时间就此停靠在岸边，多么希望时间不再前进，多么希望时间可以倒流，让他们再一次珍惜美好的友情，让他们彼此把回忆埋藏在心底，让这份友谊化作历史的缩影……

　　总有一种流动的情感穿透心灵，融进这个哀伤的时刻。三毛说："当你眼泪忍不住要流出来的时候，睁大眼睛，千万别眨眼！你会看到世界由清晰变模糊的全过程，心会在你泪水落下的那一刻变得清澈明晰。"

漫漫人生路，眼泪是生命里美丽的浪花，是一道不可逾越的风景。

年少翩翩

我相信一切能够听见
甚至预见离散
遇见另一个自己
而有些瞬间无法把握
任凭东走西顾
逝去的必然不返
请看我头置簪花
一路走来一路盛开
频频遗漏一些
又深陷风霜雨雪的感动

　　水样年华的少女，如涓涓细流，清秀碧翠，静细无声，瀑泻迂回都显得那么清新动人。

　　三毛说："即使我是一棵仙人球，也偶尔需要用雨水浇灌，哪怕只有一滴、二滴、三滴、四滴……至少，让我有勇气和信心去企盼那迷人的雨季。"

　　三毛在十二三岁的时候头发就白了，所以包括父母在内的家里人，必须以不一样的方式对待这个与众不同的少女。刚好父母都是很宽容、很有耐心和爱心的人，这实在很难得。

　　三毛十三岁时曾一度想去西班牙嫁给毕加索，并希望毕加索再等她几年到结婚年龄。她说："不知怎么写信去告诉毕加索，在那遥远的地方，有一个女孩子急着长到十八岁，请他留住，不要快死，直到我去献身给他。"

　　不敢断言当时有这种想法的三毛是过于成熟还是非常幼稚，只知道在三毛的心里，毕加索的形象是很高大的。毕加索，是三毛儿时的一个梦想，一个遥不可及的梦想，所以，三毛只能通过欣赏毕加索的作品来慰藉自己了。

　　因为对课外书太过沉迷，三毛念初中二年级的时候，各科常常不及格，数学得零分更是常有的事。为了避免留级，三毛在一次数学考试前硬是把习题一道道背下来，结果竟一连得了六个满分。这引起了老师的怀疑。于是老师就拿另外的习题考她，结果三毛得了零分。老师随即采用往她脸上画零分、让她罚站和绕操场一周的方式来羞辱她，这种做法严重伤害了她的自尊心。

　　受辱事件发生的当天，三毛没有告诉父母。晚上，她躺在床上，拼命地流泪，在黑暗中默默地洗刷心头的屈辱。天亮了，她装作什么事也没发生似的，照例穿衣、铺床、刷牙、吃饭、说再见，坐公车去学校，硬着头皮在讥笑的目光里走进教室。她沉默着，不流泪。

但是后来为了躲避老师的羞辱和同学的嘲笑，三毛开始了逃学。她每天背着书包按时离家，去六张犁公墓、陈济棠先生墓园、阳明山公墓，还有一些没有名字的墓园，到那里读自己喜欢的书。就这样，她把自己和外面的世界分割开来，甚至不和姐姐弟弟说话，不和全家人一起吃饭。三毛患上了自闭症。

后来，这种情况愈演愈烈，她看到姐姐和弟弟的成绩非常优异，而自己却如此的无能，自卑心理促使她选择了割腕自杀。那个数学老师就这样残暴地摧毁了三毛的自尊与自信，使她成了一个"轨外"的孩子。无奈之下，三毛只能暂时休学在家。

三毛当时是在追求每一个少年人自己也说不出到底是在追求什么的那份情怀，这也许显得很叛逆，但在生命的探索和生活的价值上，她显得很执着。

其实上学不是一切，也不是唯一的选择，在家如能博学多览，也一样能成就快乐、成功的人生。所以，人生的关键是不能沉溺于玩乐、不学无术。从今天看，当初三毛作出不去学校而在家学习的决定，这在后来转换成了她生命中的一种力量。

第二年，父母鼓励女儿拿出勇气，正视现实。他们再次为女儿注册，送她上台北第一女子高级中学。然而，事与愿违，几天之后，三毛又开始逃学。这次她不再去墓园，而是到一个更好的去处——台北省立图书馆。

继续上学是不可能的了。三毛的父母终于丢掉了幻想。他们到学校办了手续，让女儿休学在家。这次休学，三毛一下子休了七年。

为了让女儿走出自闭症的阴影，三毛的父亲不仅亲自教她古典文学和英语，还请人教她钢琴，学山水画。在此期间，三毛阅读了大量的中外文学以及历史书籍。

其实，不管何时何地，三毛都没有放弃过读书，她在孜孜不倦地汲取养分，充实自己。可以想象这样的一幅画面：午后的花园里，一个穿着白裙的少女正捧着一本书仔细阅读，阳光透过树叶斑驳地洒在少女的裙上，就像一朵朵金色的小花；少女偶尔会心微笑，园里的花草树木都被风吹得沙沙作响，时不时有几声清脆的鸟叫声传来。这该是多美啊！一切都如诗如画，犹如童话一般。

她读泰戈尔的诗，铭记住的是这样的句子：

生命有如渡过一重大海，
我们相遇在同一的狭船里。
死时，我们同登彼岸，
又向不同的世界各取前程。

最使她刻骨铭心的，是日本作家芥川龙之介的作品《河童》。这是一部对现世讽刺挖苦和充满反抗意味的小说，十分投合三毛当时的社会心理。

这时的三毛只对书感兴趣，绘画与音乐对她而言是枯燥无味的，不能解决她的关于生命意义的问题。后来，三毛在姐姐二十岁的生日会上认识了画油画的陈涛，陈涛的一幅表现战争的油画作品给她带来很大的震撼。

问明了陈涛的老师是顾福生后，三毛马上决定也要拜顾福生为师学习油画。也正是顾福生，这个被三毛称为"一种温柔而可能了解你的人""擦亮了我的眼睛，拉开了我的道路，在我已经自愿淹没的少年时代拉了我一把的恩师"，第一个发现三毛文学天赋的人，将颓废了四年的三毛带出了自闭的阴影。

多年之后三毛回忆初见顾福生的情景："许多年过去了，半生流逝之后，才敢讲出：初见恩师的第一次，那份'惊心'，是手里提着的一大堆东西都会哗啦啦掉下地的'动魄'。如果，如果人生有什么叫作一见钟情，那一霎那间，的确经历过。"

再见到顾福生的时候，她不再沉默，而是"说了又说，讲了又讲，问了又问，完全变成了另一个人……都在那一霎那间有了曙光"。

对三毛来说，学习美术曾经是一件痛苦的事。因为三毛是一个自由而随性的女子，像风一般。这种特质，与生俱来。对于完全临摹绘画对象这种无创意的事，三毛一向不屑。

"小学的时候，美术老师总是拿方形、圆锥形的石膏放在讲台上，叫我们画。一定要画得'像'，才能拿高分。我是画不像的那种学生，很自卑，也被认为没有艺术的天分。"三毛在心里十分怨恨那个迂腐的美术老师，还说他是一个"不学无术的家伙"。

自从遇到顾福生先生后，三毛开始喜欢上艺术与绘画，甚至将其称为"一生的爱"："艺术却是我内心极为渴慕的一种信仰，无论戏剧、音乐或舞蹈，其实都是爱的。"

绘画在三毛心里有着极其重要的地位。三毛自己也承认过："后来，艺术课上成了一种迷藏，学校的文哲课都不肯去了，只借同学的笔记来抄。每天出了宿舍就往美术馆走——不坐车……也不理有课没课，死赖着不买票也就一样进去……因为美术馆是校外的教室，逃了别的课，不过是又进了一幢大教室，内心十分安然，丝毫没有罪恶感。"

我们经历了过去，却不知道将来，因为不知，生命益发显得神奇而美丽。许多人的一生，所做的其实便是不断修葺自己的生活，假如我们在修补之外，尚且有机会重新缔造自己，生命就更加有趣了。

生活是好的，峰回路转，柳暗花明，前面总会另有一番不同的风景。

锋芒初显

雨中的日子总是湿的
不知道是雨还是自己
总在弄湿这个流光
等待阳光吧
除了等待之外
怎么发愁都是无用的
我已经没有多少尊严了
给我一点小小的骄傲吧

　　梦人人都会做，美丽的梦只要做得好就会有人羡慕和仿效。有的人，梦醒后一笑而过；有的人，沉醉后不愿醒来；有的人，把梦当作了现实；有的人，还企图让世人一起把梦当作现实。三毛用精巧的构思，美丽的文字，为大家编织了一个共同的美梦。

　　三毛十一岁便和文学结缘，十四岁已经开始练习写作。休学在家期间，三毛又和琼瑶结缘。那段时间，她每天要做的事情就是蹲在家里，盼望着报纸上《烟雨蒙蒙》的连载。

　　拜顾福生为师，成为三毛生命中的重要转折点。张爱玲说："于千万人之中遇见你所遇见的人，于千万年之中，时间无涯的荒野里，没有早一步，也没有晚一步，刚巧赶上了，那也没有别的话说，唯有轻轻地问一声：'噢，你也在这里吗？'"

三毛的恩师顾福生太了解三毛的经历和性格了，他知道，三毛没有绘画的天赋，所以他就开始引导三毛走上文学的道路。顾福生把《笔汇》的合订本借给了三毛。在读了陈映真的《我的弟弟康雄》后，三毛才发现，原来世界上寂寞的人不只她一个："世界上有那么多似曾相识的灵魂啊！"

三毛的文学创作欲望，直到这时才燃烧起来。她埋在卧室的书桌上，写了又写，改了又改。她觉得，有一股蓝色的海风，鼓动着她年轻的帆。

有时我们要静心学习那份等待时机成熟的情绪，同时也要保有这份等待之外的努力和坚持。

一个偶然的机会，顾福生读到了三毛的那篇散文习作《惑》，他非常欣赏三毛的文学才华，便把这篇文章推荐给了友人——台湾知名作家、《现代文学》杂志主编白先勇。对于三毛，顾福生是她走上文学之路的引路人，而白先勇则是她的伯乐，也是改变她命运的第二个人。顾福生和白先勇帮助三毛从自卑走向自信，这一点，是三毛永远记得的。

一九六二年十二月，三毛的处女作《惑》在《现代文学》杂志上发表了，当时的署名是"陈平"。处女作的成功发表，让三毛激动万分，它砸掉了三毛自卑枷锁上的第一根链条，成为三毛生命历程中最重要的转折点。也就是从那个时候起，三毛放弃了当画家的念头，她把所有的精力都投入到了文学创作中去，并且一发不可收拾。当时，她还非常自信地对一位要好的朋友说："今天我才发现，我能当作家。"

后来，三毛又相继在《中央日报》发表了小说《异国之恋》，在《皇冠》发表了小说《月河》。这两部短篇小说表达了相同的主题，即"生命的本质是孤独的""爱的赠送即是刹那也是永恒"。

一九六三年经过顾福生的介绍，三毛还和当时刚从台大外文系毕业的陈秀美（即后来成为著名作家的陈若曦）成为了非常要好的朋友。后来在陈秀美的劝说下，三毛给文化学院的创办人张其昀先生写了封要求上学的信，张先生接纳了她，让她成为了选读生。

三毛学过油画，又有文学天才，在成为文化学院的选读生后，她本来可以选择艺术系或中文系，但是，她却选择了哲学系。她将解答人生问题的希望寄托在了这门学科上，可结果是，哲学的苍白教条并没有让她找到生命的答案，也解决不了她的人生问题。

三毛恋爱了，她的心被同校的一位才貌双全的学长给偷走了。这位才子叫梁光明，是文化学院戏剧系二年级的高才生，已经出版了两本文集，声名早已传播到校园内外。他还有一个既响亮又诗意的笔名——舒凡。

读了他的作品，三毛就爱上了他，而且是彻底被他俘虏了。凭直觉，三毛相信他的心灵还没有为他人开启，他的梦中情人还没有出现。三毛决定勇敢地去追求，即使失败也无所谓。对于这种不计后果的追求，三毛曾回忆说："在这样的年纪里，如果没有爱情，就是考试得了一百分，也会觉得生命交了白卷。我不管这件事有没有结局，过程就是结局，让我尽情地去做，一切后果，都是成长的经历，让我去，让我去！"

当时在校园中舒凡不乏追求者，但与其他追求者相比，三毛是最坚决、最执着、最勇敢、最有毅力的一个。在三四个月的时间里，舒凡去哪里，三毛就跟到哪里，哪里有舒凡，哪里就有三毛的影子，三毛成了舒凡甩也甩不掉的"尾巴"。

狂热的爱火燃烧着这个女子的心，她就这样跟着，三四个月算什么，如果还需要更长的时间，她都愿意。只是那个孤傲的人，从来都没有瞧一眼身后那影子一般的女孩。

她还要等多久呢？她几乎绝望了。然而在她的生日宴会上，他却出现了，但一句祝福的话都没说便走了。那一晚她喝了很多酒，然后偷偷走到学院操场中心的大草坪上，任泪水肆意流淌。就在泪眼婆娑中，她看见了熟悉的身影，是他……

也许是这个像飞蛾扑火一般不计后果的女生终于让他有了瞬间的心动，也许是一个男孩内心的温柔被唤醒了，总之，他接受了她的追求。

在不能够爱的时候，不经意间碰撞出了"爱"的火花。这种爱情从一开始就注定了没有结局，却是人生极有魅力的一种温馨和苦涩；也正因为没有结局，这种宝贵的感情才能停留在记忆深处，永远保持一份完美。

三毛的幸福终于被她自己稳妥地握在了手里，但她始终不肯相信自己。他们每天都在一起读书，一起吃饭，一起逛街，他们成为校园里一道亮丽的风景。

舒凡确实真诚地对待着这个疯狂追求自己的女孩，但他却无法像她爱自己那样地爱她。三毛可以为他做一切，放弃一切，但他做不到这一点。他无法像三毛那么疯狂，他甚至觉得三毛那过于放任而浓烈的爱，变成了他不堪承受的重负，他觉得有点累。这是一份并不对等的爱情。

　　两年时间过去了，他们的爱情轰轰烈烈，也经历了风风雨雨。这时的三毛进入大三，而舒凡则面临毕业。三毛的情绪开始出现波动，但舒凡并不懂三毛那颗慌乱的心。三毛不能忍受没有舒凡在自己身边的生活，她隐约感觉到舒凡因毕业将至而表现出的神采飞扬都是尖刻的预言，预言着他们之间的爱情没有未来——他离开，他忘却，他从她的世界里消失……

　　千头万绪中三毛只剩下最后一个念头，一个看起来可以把舒凡永远留在自己身边的方法——和他结婚，做他的妻子。但舒凡拒绝了三毛的提议。

　　舒凡是一个男人，一个现实、理性而又负责的男人，在他的眼中，婚姻是世俗的，它虽然需要爱情这份养分，但是它还需植根于现实的土壤。

　　舒凡的拒绝一瞬间把三毛打进了万丈深渊。这跟三毛期望的结果完全相反，也令她十分难堪。思前想后，三毛觉得也许作出离开的决定，才能够让舒凡改变主意。

"……机票在手，也许明天就走了，其实都可以更改的，只要你开口留我，只要一个理由，就能让我停留。"

但三毛没有等到舒凡的挽留。舒凡只是握了握三毛的手说："祝你旅途愉快！"

三毛心碎了，再没有任何留下来的理由。第二天，三毛如期登上了飞往西班牙马德里的班机。西班牙，对于三毛来说，又是一个充满着泪与欢笑的地方。一切都从这里开始，也将从这里结束。

世上的感情，无非两种：一种相濡以沫，却厌倦到老；一种相忘于江湖，却怀念到哭泣！也许不是不曾心动，不是没有可能，只是有缘无分，情深缘浅，爱在不对的时间。

人生，其实就是一段旅途。我们相遇，分离。不同的人，不同的事，不同的命运，只那么一瞬，宛如划破长空的流星。奇妙，飘逸。日子，仿佛一列火车。抉择，是命运的转折，是驶向另一个终点站的转折……

青春散场，我们等待下一场开幕。等待在后面的旅途里，三毛迎着阳光，勇敢地飞向心里的梦想；等待在后面的故事里，三毛就着星光，回忆生命中最美好的时光，盛开过的花……

第二卷

Chapter · 02

犹记当时似少年

缘起缘灭

晓梦里
漫天穿梭的彩蝶
扑向枕边说
这就是朝生暮死
不，我不再记得什么
除了夜雨敲窗
爱情不是我永恒的信仰
只等待
等待时间给我一切的答案

　　爱上一个人，眼波流转，低眉浅笑，刹那即是永恒。在最美的时刻，遇见最爱的人，仿佛就是一生一世。地老天荒的誓言，海枯石烂的承诺，谁曾有幸，不负流年，挽住这灿如烟火的绚烂。

　　西班牙，一个能承载任何一种有关艺术梦想的地方，不论是古典的还是现代的，不论是艺术本身还是如艺术一般的生活方式，不论是何种时代、何种风格的文化艺术，皆能在这里生根发芽，春暖花开。

　　那里澄清透明的阳光，湛蓝的海岸，肌肤光滑细腻的女人们，给了世人一个仿佛天堂般的梦幻，和一个让世人只可去憧憬而无法具体想象的景致。在很多年以前，一位有着乌黑的及腰长发，喜欢穿着斑驳陆离的长裙，在地中海沿岸呼吸着清新的海风，享受着温暖的阳光的东方女子曾在这座城市辗转流连。

这个名叫三毛的女子此生不知为何能与西班牙结下那般深的缘分。在她还是少年时，就曾因为喜欢毕加索的画，希望自己赶快长大，好来得及献身给那个远在西班牙的旷世画家。因为想要医治失恋带来的苦涩，三毛背井离乡，选择在美丽的大西洋岸边埋葬那段感情。

西班牙，一个对于三毛来说，充满着泪水与欢笑的地方。一切都从这里开始，也将在这里结束。人生一世，缘起缘灭，缘聚缘散，不过如此。何必留恋，何必感伤。万水千山，漂洋过海，一眼便是千年。有多少痛，难以忘记，需要一个城市来祭奠悲伤，抹平伤痛。

在西班牙的马德里，三毛认识了荷西，一个她爱了一辈子的男人。三毛第一眼看见荷西时，就有一种触电的感觉："世界上怎么会有这么英俊的男孩子？"也就是那一眼，成就了三毛一生的爱情，也成就了马德里在三毛心中的重要地位。

最美的韶华，最好的时光，情愫暗生，红尘万丈，千回百折，于你于我，都是幸福美好的。从此，山河失色，倾尽一生，结局是否圆满，早已不再重要。无论岁月多么沧桑，无论世事如何变幻，马德里总是三毛时时挂念的地方，是三毛"梦中的橄榄树"。

三毛第一次来马德里是为了留学，她要在马德里大学哲学系进修两年。马德里大学，西班牙名校之一，建校已经七百周年了，堪称元老级大学，是欧洲精神文明的支柱。

三毛为何要选择马德里大学？又为何要学哲学呢？三毛是个随性的女子，一切跟着感觉走，她曾经听过一张西班牙古典吉他唱片，优美的音乐引发出了她的无限想象：蓝天、白云、村庄、田园、牧场，以及茂密的葡萄园。于是她来到了西班牙，来到了马德里。

三毛曾经说过:"我一直在想,是不是应该到那里看一次,然后把哲学里的苍白去掉。"那时的她,备受失恋的煎熬,于是,她来到了马德里大学,不是为了学习哲学,而是为了把哲学里的苍白去掉,把心里的伤痛抚平。

三毛是个聪明的女子,没有了爱,何必多做纠缠。这个潇洒的女子,用旅行埋葬痛苦的回忆。因为她知道,她与他之间的爱,是单方面的,她用心,他无心,所以,不要怪他,也无须怪他。

在马德里的日子对三毛来说是快乐而宁静的,她在喧嚣的街区中徘徊;在艺术的长廊里穿行。多少次回眸,多少次擦肩,浮光掠影间,婉转了几世流年。孤独如三毛,洒脱如三毛,静静地等待着那个可以携手共度一生的人。

在这里,有三毛对艺术的追求,有她对绘画的向往,亦有她的穿越时空的"异国恋人"——毕加索。人生本就充满了太多的惊奇,没有谁能预知自己的未来,平静如水也好,惊世骇俗也罢,没有谁能掌握,没有谁能主宰。

西班牙人都说：想要真正了解西班牙的绘画艺术，就一定要到普拉多艺术馆来。每个冲着对西班牙艺术的无限向往而选择去西班牙的人，都必须到位于马德里普拉多大街的普拉多艺术馆去走一走，去逛一逛。

这座新古典主义风格的皇家美术馆气势宏伟却显得非常宁静安详，坐落在一条幽静的林荫大道上，左右两翼一排拱形门廊。它早已成为三毛梦想中的天堂。三毛曾经在《雨季不再来》中提到过她在学生时期到普拉多艺术馆的情景：

……后来发觉艺术课原来并不只是在学校内上课，改成去普拉多（Prado）美术馆了……在那个快乐得冒泡泡的美术馆里，认识了大画家哥雅（Goya）、葛列柯（El Greco）、维拉斯盖兹（Velazquez）、波修（Bosch），当然还有许多许多台湾比较不熟悉的宗教画家。

三毛热爱艺术，她那寂寞的身影在高雅的美术馆里穿行；她那孤傲的灵魂在绚丽的色彩中遨游。她对于普拉多美术馆充满了赞叹之情的喜爱溢于言表：

马德里的普拉多美术馆据称是世界上藏画最多的一个美术馆。例如说，巴黎的卢浮宫内，不只是藏画，也收藏了其他的物品。而普拉多美术馆，画是主要的，当然，还有雕塑。

三毛喜欢毕加索，喜欢他画中的感觉和意境，她留学西班牙时，对于普拉多艺术馆的热爱形式都与毕加索那么相似。据说，毕加索少年时在马德里学画，常不上课而到普拉多美术馆看画。

看来两个人还真是挺像的，都会逃课去那个著名的艺术圣殿。在异国他乡找到了自己的知己，难道不是一种幸运？即使两人跨越时空、穿越千年，也是可遇而不可求的。那时的三毛青春年少、热情洋溢，想要在这浮华喧闹的尘世间，寻一份属于自己的绝代风华。

我看的第一本画册，一巨册的西班牙大画家毕加索的平生杰作……看见毕加索的画，惊为天人！嗳！就是这样的，就是我想看的一种生命，在他的桃红时期、蓝调时期、立体画、变调画，甚而后期的陶艺里看出了一个又一个我心深处的生命之力和美……而我，也想有一个愿望，我对自己说：将来长大了，去做毕加索的另外一个女人。急着怕他不能等，急着怕自己长不快。他在法国的那幢古堡被我由图片中看也看烂了，却不知怎么写信去告诉毕加索，在遥远的地方，有一个女孩子急着要长到十八岁，请他留住，不要快死，直到我去献身给他。这一生，由画册移情到画家身上，只有专情地对待过毕加索。他本人造型也美，而且爱女人，这又令我欣赏。艺术家眼中的美女，是真美女。毕加索画下的女人，个个深刻，是他看穿了她们的骨肉，才有的那种表达。那时候，我觉得自己也美，只有艺术家才懂得的一种美。

三毛想做毕加索的"另外一个女人"的念头终未实现。现实终究是现实，有时候，不是想拥有，就能够得到。天时、地利、人和，缺一不可，才能成就一个梦想。又或者，历经风雨，历尽艰难，以为成功近在咫尺的时候，突然发现，一切早已幻灭成空，不是你的，终究得不到。

人生不是戏剧的表演，而是生命的真实展现。现实的人生，就要让自己在现实中，不断地释放自己，舒展自己，完善自己。要度过如此真实的人生过程，必然有喜有忧，有苦有乐，有成有败，有起有伏，这样现实的人生，才会体现出生命的意义与价值。唯其如此，现实的人生，才会变得更加丰富，更加精彩，更加闪光，更加快乐，世人才能够更深刻地感悟到人生的内涵。

咫尺天涯

车如流水马如龙，一个转身，他便在人潮中湮灭。没有声嘶力竭的纠缠，没有痛彻心扉的哭喊。一切仿佛回到了起点，又或者根本不曾开始。戛然而止的感情，从此两人海角天涯。

　　总觉得"缘分"这两个字太过矫情，但是除了这两个字，实在找不出别的词语来形容人和人之间的相遇、相知与相守。在茫茫人海中相遇了，从陌生到熟悉，瞬间的光辉铸就了一段刻骨柔情。然而，相恋并非总是甜蜜平顺，也有可能百感交集。那最熟悉的人或许最后还是分道扬镳，那昙花一现的交集，终会如午夜绚丽灿烂的焰火，刹那的美丽过后，终究会回归到夜的黑暗。

　　三毛与荷西的爱情不得不说是一场缘分游戏，邂逅、婉拒、相爱、离殇。缘分就是那样不可捉摸，明明感觉它就在你的手里，却又在不经意间悄悄地从你的指缝间溜走，感觉那么近又是那么远。

想必天堂和地狱也非常接近吧！一不留神就会失去美丽的爱情，从幸福的天堂跌入痛苦的地狱。

那一年，三毛还在马德里上大学三年级，而荷西不过是一名高中生，两人之间相差六岁。彼时的三毛身边已有了恋人，根本未曾想过与这个比自己年龄小的男子有任何感情纠葛。而荷西却一眼就认定了这个女子，清风明月，海角天涯，此生唯愿与君伴。

那是一个致命的邂逅，连风也静美得忘记了呼吸，任由化蝶的歌声，穿透自己透明的身体。那一个凝眸来得突然，那个对视的一瞬，就像一辈子，刻在荷西的心里。

不曾有忧伤相染，不曾有别离倾轧。荷西觉得时间仿佛永远停留在那一天，无论过了多少年，过了多少个世纪，那一刻一直停留在他的脑海：她清俊的眸子漫漫扫过他的脸，一种内心深处溢出的温暖，开始随着秋水蔓延，瞬间将他包围，将他融化，柔如云，淡如烟。

　　每次偶然的擦肩而过，每个无心的回首，也许就是另外一个开始。有几分好笑，但是生活就是这样变幻莫测。一生，可能就是因为那一天，轻轻抬头，淡淡微笑……从此，荷西沉浸在他的爱情中，终究躲不过，那一次乍然相逢，那一场倾城之恋。恍若隔世，缠绵难忘。

　　荷西用他自己的方式表达着对三毛的爱。就在圣诞节的晚上，荷西头戴法国帽出现在三毛的公寓楼下，只为送给她节日的礼物和祝福。这个坠入爱河的男子，满心的欢喜与甜蜜，全心全意地追求着钟爱的恋人，浓烈而深沉。他等待着心目中的女神给他同样的回应，而三毛只是以姐姐的身份告诫他："不要逃课！再逃课就不理你了！"

　　又是一幕"落花有意，流水无情"的戏码，只不过，舞台上的主角早已换了人。这一回，无意的是三毛，有意的是荷西。人生如此，浮生如斯，来来回回，逃不开这感情的诱惑。彼时的三毛，漂泊异乡，想要摆脱情爱的枷锁，如一只振翅的蝴蝶，画出最绝美孤傲的姿态。那时的荷西，年少轻狂，遇到了自认为命中注定的人，轻易地便说出一生一世的承诺，三毛怎敢答应。

迷惘是一种被啃噬的疼痛，没有答案，不知所措，它让心在漫无边际中徘徊挣扎……不确定的彷徨和无助，无所适从的困惑把心搅得近乎窒息。

之后的某一天，荷西一脸认真地对三毛说："Echo，你等我结婚好吗？六年！四年大学，二年服兵役。好不好？"他在向她求婚，那一刻，时间仿佛都静止了。屏息凝神，他在等她的答复：一声"yes"，或者一个点头微笑。然而，一切不过是他一厢情愿，他们之间有条河，他无论如何也迈不过去，不过徒增伤感罢了。

三毛深知荷西对自己超乎寻常的感情，面前这个明朗帅气的男孩，用最真挚的语言向她告白，但最终她还是选择了拒绝。并且，三毛用最严厉的话语对荷西作出了警告："再也不要来找我了，我有男朋友的！"

为了摆脱那份孤寂的苍凉，三毛只身一人来到异国。为了爱情她可以不顾一切，却不肯回答一句"我愿意"。对荷西，不知三毛是不爱，还是不敢，亦或是不能。她不确定这个比她小六岁的男子是否可以与她共度一生。

"愿得一心人，白首不相离"是每个人的夙愿，却不是人人都可以拥有的。曾经沧海难为水，情伤之痛三毛已经尝过，所以不敢轻易交出自己的真心。因为付出了，就再也收不回。爱恨纠葛，生死缠绵，没有谁可以全身而退。

是否又到了该选择左转还是右转的时候，是否又一次在莫名无知中错过，是否又是不知道如何面对未来而再次放弃了眼前的机会……漫漫人生路，来也匆匆，去也匆匆，谁是谁生命中的过客，谁又是谁最后的归宿。在爱情世界里，有谁敢说，不后悔曾经的选择？

张爱玲有一篇名为《爱》的文章，里面有这样一个有关相逢不如偶遇的故事：一个十五六岁的妙龄女子，在某个春天的晚上，手扶桃花，对面走来一个从未打过招呼的后生，轻轻说一声："噢，你也在这里吗？"彼此再也没有什么话，站了一会儿，各自走开。女子历尽人生劫数，到老仍记得那一瞬间，那春日的夜，那娇艳的桃花，还有那个羞涩的后生。

当往事随风，泪水与记忆交织在梦里，如惊鸿掠影般，转瞬便消失在空中。三毛会不会后悔当初的决定？在某个静谧的夜晚，她是否会想起当年向她许诺的男子？十年踪迹十年心，即使是过客，恐怕也成了她心上的朱砂，抹不去，挥不掉。

荷西认定这个温暖如春的东方女子，就是他寻觅多年的伴侣，也将会是他挚爱一生的恋人。他相信，短暂的离别只是两人之间的考验，时间可以淡化伤悲，却无法减轻思念。三毛的一颦一笑都已镌刻在他的灵魂深处，唯有深情挚爱，才能地久天长。

在三毛拒绝荷西的那一刻，荷西没有生气，也没有落泪，他只是对她挥了挥法礼帽，然后轻声说了句"再见"。相濡以沫，还是相忘于江湖？世人大多执着于此，偏要追求日日相对，相看两不厌。殊不知，"执子之手，与子偕老"终究是多数人的奢望，"两情若是久长时，又岂在朝朝暮暮"又何尝不是另一种美好。

再后来，荷西便真的再也不来找三毛了。即使是偶尔在路上遇见，也只是礼貌性地点头微笑，或是相互拥抱一下，亲亲她的脸颊。而在三毛身边的男子来来往往，似乎总是换来换去，有意或者无意。

荷西选择了放手，给三毛自由，让她去追寻她的理想和人生。但，放手并不意味着放弃。荷西选择了等待，在远处遥望着三毛的背影，期待着她有一天停下脚步，转身回眸。无论她在哪里，走到哪里，待她走遍千山万水，阅尽人世沧桑，终有一天会再相逢。

一样花开一千年，独看沧海化桑田。无论怎样的爱都是一份美好，一份结果。而刻在心底的爱，因为无私无欲，因为淡泊忧伤，才会是真正的永恒。

爱究竟能承受多久的分离？也许，两个人每天相守在一起，但是各自的心却离得好远；也许，两个人天各一方，心却始终在一起。

爱原本就为了相聚，为了不再分离；而有一种爱叫作：相见不如怀念。

　　人的一生总会演绎许许多多的故事，不管担当什么角色，都需要和另外一些人共同演绎。舞台就那么大，辗转之间，难免会再次相遇。抬起头一看："原来是你，原来你也在这里。"仿佛前生相识，仿佛梦里相遇，仿佛冥冥之中自有定数，仿佛早已心领神会。

　　得之，我幸；失之，我命。缘分亦是如此。猜到的是结局，猜不到的是人生。每个人的心中都有一颗且只有一颗眼泪，但你不知道何时流，为谁流，为何流。三毛的眼泪只为荷西而流，或者出于伤心，或者出于感动，或者出于幸福。也许因为荷西是最爱她的人，而三毛也是最爱荷西的人。

　　人的一生只能流一颗泪，流过这颗泪，就不会再流泪。但是仍然会伤心，仍然会哭。因为还会有新的烦恼，还会有聚散离合，还会有爱恨情仇。但那时所流的就不再是眼泪，而是鲜血，是为成长而失去的鲜血。哭的次数多了，也渐渐成熟了。

　　懂得了爱情之苦，懂得了生存之艰，也懂得了伤感之美。血干枯了，但故事却没有结束。故事因鲜血的灌注而血肉丰满，让后人哭。但后人哭时流的既不是眼泪也不是鲜血，而是时光，他们在时光流逝时倾听，在倾听中哭泣，在哭泣中时光又流逝。

且行且歌

歌唱继续着，甚而更加缭乱而持久。在爱的边缘，唯有歌声在告诉她；的确，曾经有些无名的事情发生在一个人的身上。于是她又趴在地上恸哭，直到再临的救赎将她带去远方。

流年似水，佳期如梦。身在异国的三毛犹如一叶浮萍，在情感的道路上兜兜转转、寻寻觅觅，却始终是人生长恨、浮生一叹。不曾失望伤心，也不曾落泪轻吟。那时的三毛静如深潭，且行且唱。宠辱不惊，闲看庭前花开花落；去留无意，漫随天外云卷云舒。

西班牙留下了三毛最美好的回忆，值得用一生去珍藏。有那么一个人，即使三毛走遍了万水千山，踏遍了万里河山，也会在不经意间想起。那些曾经的过往，早已定格成画面，埋葬在记忆的最深处。经年累月，即使布满了尘埃，只要心弦一动，便会骤然绽放。

离开了西班牙，三毛来到了德国，一个充满着传奇色彩的国家；一个孕育出众多名人的国家；一个令人心驰神往的国家。行走于巴伐利亚高原上，领略莱茵河唯美的特质，赞叹阿尔卑斯山的雄浑，沉醉于冰凉沁心的慕尼黑啤酒里，德国的一切，无不让人为之流连忘返。

三毛，这个充满传奇色彩的女人，同样被德国吸引，在这个国度展开了为期一年多的求学生涯。漫步在宽大、干净的大街上，街道两旁种植着葱郁的树木，后面掩映着一排排木制结构的尖顶小屋，白墙黑梁，清新大方；深褐色的木制架子在墙外镶嵌，微风袭来，细细地呼吸，恍惚间，感觉闻到了木头淡淡的清香。

艺术是以传统为基础，建立在传统之上的，德国亦如此。从贝多芬的《命运交响曲》到王子乐队的《德国》，从荷尔拜因的《亨利八世肖像》到卜劳恩的《父与子》，从海涅的《青春的烦恼》到艾瑟拉斯凯的《逃遁》，音乐、绘画与文学之间并未相互排斥，反而相互依存，进而更加欣欣向荣，这使得带有浓烈日耳曼色彩的德国艺术空前发展，出现了一大批优秀的艺术家以及脍炙人口的作品。也正是因为他们的存在，德国才能长久地魅力不减，这也是三毛未到德国时，就对德国慕尼黑的现代美术馆充满憧憬的原因。

三毛是一个喜欢音乐的女人，不但喜欢听，更喜欢自己创作。她一直是个奇女子，关于这点，无人否认。在音乐的国度里，三毛尽情地释放着自己的光彩。一个音符，一段曲调，一个惊艳了世间的女子，让群芳失色，只有羡慕，只有惊叹，却永远无法效仿，无法复制。

《回声》是一张在华语流行音乐史上地位很高的唱片专辑，只因它包含了三毛亲笔写下的十二首歌词。这些歌词连缀起来，描述的就是三毛的半生故事。《梦田》是《回声》中的最后一首歌，也是三毛最爱的一首：

> 每个人心里一亩一亩田，
> 每个人心里一个一个梦。
> 一颗呀一颗种子，
> 是我心里的一亩田。

用它来种什么？用它来种什么？

种桃种李种春风，

开尽梨花春又来，

那是我心里一亩一亩田，

那是我心里一个不醒的梦！

三毛喜欢音乐，也喜欢绘画，甚至将其称为"一生的爱"：

艺术却是我内心极为渴慕的一种信仰，无论戏剧、音乐或舞蹈，其实都是爱的。

所以三毛无论到什么地方，都爱极了那里的美术馆与艺术馆，德国也不例外。

那一霎那间，通过一张画，看见了什么叫作美的真谛。完全忘记了在哪里，只是盯住那张画看，看了又看，看了又看，看到那张脸成了自己的脸。

闲暇的时候，三毛经常独自一人在街头行进，仿佛要将前路望尽。桐花万里路，连朝语不息。遗世独立，而又风情万种。这样的女子不在乎地久天长，一旦选择执手，就算抛弃一切，也会伴君走天涯。纵然万劫不复，也会义无反顾；即使一无所有，也是无怨无悔。

三毛是信基督的。这源于她的父母和信奉基督教的朋友。三毛本人也是一个虔诚的基督教徒，一直以来三毛都严格地恪守《圣经》中宣扬的博爱、宽容和仁慈，并以此作为她为人处世的基本原则。这些都可以从她那一篇篇以爱为主题的游记散文中看出来。

感谢上帝，给了我永恒的信仰，她迎我平安地归来，又要带着我一路飞到北非我丈夫的身边去。我何其有幸，在亲情、友情和爱情上，一样都不缺乏。

三毛常来教堂倾听圣歌，聆听钟声。仿佛那是渺远的前世记忆，绵绵不绝，悠长深邃。那是一段回忆，是一场邂逅，是一个缥缈的梦境，好像触手可及，伸出手去，却发现它远在千里之外，看不见，也摸不到。

那是一座古典而不失威严的教堂，整体直立向上，塔尖直指苍穹，仿佛要摆脱尘世间的一切重负，五彩的玻璃、精致的墙画、镏金的装饰无不搭配得相得益彰、美轮美奂，虽华丽但却不失庄严。

弥撒开始时，在管风琴的悠扬伴奏声里，穿着洁白圣衣的唱诗班会诵唱圣歌，那声音格外动听。祭坛中，神甫念念有词地带领着手捧羊皮面烫金边、只有巴掌大小的《圣经》的信徒们祷告，祭司熟练地舞动着链子上的小香炉，整个教堂香烟缭绕，被摇晃着的木铃发出清脆缥缈的响声。祭坛的前方是讲经台，神甫常常会在上面讲述经文，声音通过高大的穹窿形的屋顶进行几次的折射，变得辽远而空旷，仿佛那就是从遥远的天国传来的主的启示……

穿过教堂，沿着弯曲的小路，伴着路边无数的无名小花，向山上走去。阳光透过云层照射下来，让山上的城堡笼罩在了一片金色之中，水蓝色的顶，雪白的墙，墙面上有着茂密的爬山虎，在阳光下，犹如绿宝石般通透灵动。德国的建筑艺术果然名不虚传。朱自清先生在漫游德国时就曾对其建筑进行了细致的描绘并大加赞赏：

> 这些屋子每间一个样子；屋顶，墙壁，地板，颜色，陈设，各有各的格调。但辉煌精致，是异曲同工的。
>
> 外国的宫殿外观常不如中国的宏丽，但里边装饰得精美，我们却断乎不及。

因此，三毛爱上了德国，流连于德国。但凡去过德国的小城镇和乡村旅游的人，经常可以看到墙壁上镶嵌着格子状木架的老房子。这些裸露于外墙的褐色木架构成或简洁或繁复的几何图案，看起来的确是赏心悦目。

外墙有泥坯的部分通常刷成白色，再配上深褐色的木架结构，整体显得质朴大方，与中国江南小家碧玉的房屋相比，让人觉得入住前者更能舒适自然一些。三毛爱极了这种简单但舒适的小屋，虽然它并不华丽，因为三毛曾说过："我不求深刻，只求简单。"而且，荷西也有过一个一生最幸福的梦想，那就是有一个很小的公寓，里面有一个像三毛这样的太太。

　　曾经的我们只是朋友，此时，一切都还没有开始。她与荷西，依旧只是朋友。多年之后，是否依然如此？还是，有什么，已经悄然改变，即使是刻意的忽略，也抵不过心中最真挚的呐喊。

　　岁月弹指过，转眼已千年。此时的三毛是否会想起那个承诺娶她的荷西，那个热情如火、灿若星辰的男子？是否会为他落下一滴眼泪，夹杂着一丝的悔意？当他走过她的身边，她没有挽住他的手；当她在人海中寻觅他的身影，他是否依然在原地驻足？

行吟苦乐

一花一世界，一茶一人生。有人说，人生如茶，甘苦与共，冷暖自知。在人生的苦难面前，乐观是幼稚的，悲观又何必。面对现实，才叫达观——抵达的那个达。抗命不可能，顺命太轻闲，遵命得认真，唯有乐命，乐命最是自由自在。

人生无常，因缘际会，世事百转千回，盛年浮光掠影，悄然回首时，才发现——原来自己错过了生命中许多值得珍惜的东西。一生一世的轮回，在拥有与失去中辗转，在伤痛与抚慰中重生。冥冥之中，早已注定，只是世人看不透，也猜不到。

歌德学院其实是德国在世界范围内积极从事文化活动的文化学院。三毛的德语就是在歌德语文学院学习的。在歌德学院的这段时期，是她最为安心的一段时期。

德国人凡事认真实在，生活的情调相对地失去了很多，我的课

业重到好似天天被人用鞭子在背后追着打着似的紧张，这使我非常
的不快乐，时间永远不够用，睡觉、吃饭、乘车都觉得一个个生字
在我后面咻咻地赶。

三毛后来还经常回忆自己在歌德学院学习时的苦乐生活：

在德国境内的"歌德"，不但学费极为昂贵，同时教学也采取密
集快速方法，每日上课五六小时之外，回家的功课与背诵，在别的
同学要花多少时间并不晓得，起码我个人大约得钉在书桌前十小时。
一天上课加夜读的时间大约在十六七个钟点以上。

苦读三个月之后，学校老师将我叫去录音，留下来一份学校的
光荣记录；一个三个月前连德语早安都不会讲的青年，在三个月的
教导训练之后，请听听语调、文法和发音的精准。那一次，我的老
师非常欣慰，初级班成绩结业单上写的是——最优生。

拿着那张成绩单，飞奔去邮局挂号寄给父母。茫茫大雪的天气
里，寄完了那封信。我快乐得留下了眼泪，就是想大哭的那种说不
出来的成就感。当然这里又包含了自己几乎没有一点欢乐，没有一
点点物质享受，也没有一点时间去过一个年轻女孩该过的日子，而

感到的无可奈何与辛酸。那三个月，大半是吃饼干过日的，不然是黑面包泡汤。

学校的生活虽然单调乏味，但是二毛却是甘之如饴。正所谓：如人饮水，冷暖自知。大概就是这种情怀。学习的日子里，三毛尽情地徜徉在书籍的海洋里，没有风花雪月的感情纠葛，没有怅然若失的痛苦回忆。这里的三毛，只有无限的向往，对学业，对生活，对未来的自己。

三毛说："人生有三道茶，第一道苦若生命，第二道甜似爱情，第三道淡如微风。"人之出生或许就似这茶，沐浴于骄阳下，摇曳于风雨中。清晨有朝露洗脸，暗夜有银月为灯。只有投入到沸腾的生活中，才会显示出生命的绿色。

歌德学院的学费是很贵的，对于这点三毛深有感触。刚到德国时，三毛就感觉到德国与西班牙相比有着根本的不同，首先是在生活水平方面。虽然知道德国的消费水平肯定比西班牙要高得多，而三毛的父亲给的生活费也比在西班牙的时候给的要多，但直到真正到了德国以后，她才发现日子的确比在西班牙的时候艰苦了很多。

三毛在德国每天除了学习还是学习，一直都过得非常节俭，但仍旧时时感到生活的拮据，有时甚至只能用饼干和黑面包泡汤来打发自己的一日三餐；再加上刚到德国，在一个陌生的国度内，语言又不通，没有认识的人，学习也枯燥，所以那段时间的三毛一直感觉很孤独。之后，为了排解心中的苦闷，三毛翻越了柏林墙，去东柏林旅游，结果不但没有让心情变好，反而在回来的时候大病了一场。

在医院住了半个月，花钱如流水，出来以后三毛开始为生活费发愁了，生活上可以说是倒霉到了极点。但是经过在德国一段时间的磨炼，三毛早已坚强了许多，她没有把自己痛苦的感情外泄，而是开始了绝地反击。

"车到山前必有路，船到桥头自然直"，虽然德语的学习很困难，但是三毛是一个不易向现实低头的人，她特立独行，也特别好强。

三毛的初恋舒凡就曾评价过三毛：

她是个很要强的人，什么都要最好、最强、最高，有时候别人看来一条直线已经画得很直了，但是她却仍拼命地画直线，仍觉不够直。

不过，就是由于她这种好强的性格，三毛最终只用了九个月的时间就通过了高级德文班的考试，并拿到了德文教师资格证书，终于一切都拨开云雾见青天了。

三毛是一个丰富、鲜明、勇敢的女子，她用自己的真心面对生活，面对世界，不在乎外界的看法。她的生命是灿烂的，是快乐的，是真实的。这样一个坚强的女子，率性而为，即使身处逆境，也会昂首挺胸地追寻理想中的人生。

她的命运并非完美，有悲有喜，亦苦亦甜。开心时，展颜大笑；伤心时，泪如雨下，一举一动都透着真性情。她随性而活，为了心中的那片光明，即使是飞蛾扑火，也毫无犹豫。试问有谁，能如她一般果敢决绝，惊心动魄。作家司马中原曾这样说过三毛：

如果人生像幅画，三毛应该是意境高远、笔致空灵的水墨了。她不囿于既定格局，以她的真率信笔挥洒，在人生的斑驳中显呈了她的生命，无论是喜悦或是悲沉，对于她都有一种浸润。真纯的爱该是她创作的基本动力。她的性格，温柔而流变，有时动如风，有时静如潭，有时升如飘忽的流云，有时柔如一弯曲曲的溪水，不变的是她的真，她的爱。她的作品就这样地展现了她的自我，成为浑然一体的，活生生的创造。

经历了许多冷暖晴阴之后，三毛成熟了。成熟的她积累了许多思想、情绪、经验和财富。不论得到多少，失去多少；无论过程是颠簸曲折，还是笔直平坦，尽情释放自己的绮丽优美，让世人艳羡，让世人敬仰。

有时候，苦只是一个过程，溶解它需要的只是时间。闲暇时冲杯清茶，初尝时，也许觉得苦涩难忍；再品时，已是唇齿留香。心

也忽然沉静下来，波澜不惊，思绪却延伸得很远，很远。那些过往
的人和事如梦似幻、如烟似雾，飘荡在远方，迷失在时间的长河里。
岁月蹉跎，彼岸年华，唯有这一杯淡淡的清茶幽香如故。

第三卷
Chapter · 03

前世姻缘今世情

一缘一会

请相信上天的旨意，发生在这个世界上的事情没有一样是出于偶然，终有一天，这一切都会有个解释。

　　没有任何的缘由，仅仅是第六感的指引，就将我们与一座陌生的城市联系在一起，这就像是宿命，躲不开，也逃不掉。但很多人都止步于感觉、止步于青春的那几年，问世间，有几人能真的去魂牵梦萦的地方聆听它的心跳、感受它的体温、体会它的真实？

　　这就像是前世的约定，在穿越了流水的年华、历尽世间百态后，还是将你内心最柔软的部分温暖着、感动着，鼓舞并指引着你远赴那座遥远而陌生的城市，去赴前世的约定。三毛或许就是前世与西班牙结下了约定，这个美丽而热情的国度给予了三毛太多，太多……

年少时的三毛，因为喜欢毕加索的画，于是希望自己赶快长大，好来得及献身给那个远在西班牙的旷世绘画名家。或许这就是三毛前世与西班牙约定的开始，只是因为简单的喜爱，命运就在一步步将她与西班牙联系在一起，但，这仅仅是开始。

初恋，是一次甜蜜的邂逅，更是一次内心成长的必修课。初恋的美好，初恋的青涩，初恋的疼痛，都是青春最美的风景线。那时的我们，面对失恋，是如何为自己疗伤的？有人选择旅行，有人选择隐忍，有人选择放逐……

三毛选择回到西班牙，不管是命运的使然还是应然，西班牙的经历都将成为三毛人生中最灵动的乐符。在这个美丽的国度，初恋伤口得以愈合，所有的伤痛都化为了淡淡的思念。三毛是勇敢的，她敢于去异域释放自己、找回自我，那颗受伤的心一点点被温暖、融化；西班牙是灵秀的，她用自己的开放、包容安抚了一个因爱而受伤的女子，而这个女子，必将与西班牙终生相连。

时间的无涯里，谁都不知道会发生什么，而命运就是在你不经意间带给你希冀，亦或是埋下一颗种子，在未来的某一时刻，才会在我们的人生画布上着上新的颜色。

三毛在西班牙留学的日子，命运便将一颗爱的种子悄悄地种下，但三毛所不知道的是，这颗种子日后将成为她灵魂的一部分。一个热情而欢乐的夜晚，荷西——那个帅气而青春飞扬的高中生，为三毛送来了圣诞的礼物与祝福，当时的三毛，虽然心底里有一丝虚荣：哇！天下竟然有如此帅气的男孩？！要是做他的妻子，该是一种荣耀才对呢！但却对这个比她小六岁的男孩儿没有任何想法，随即她只是以姐姐的身份教训他：不要逃课！再逃课就不理你了！

面对荷西的热烈追求，生性敏感的三毛，怎会不知？只是，受过伤的心不再轻易相信承诺，不确定的将来不能承受这般浪漫的承诺。有人的爱情是一时的情绪，有人的爱情仅仅是爱上了爱情本身，但荷西和三毛的爱情却是百转千回中的命运。爱的种子一旦播种，不是轻易就能收获到果实，一切都还需要时间……

我爱你，与你无关

即使是夜晚无尽的思念

也只属于我自己

不会带到天明

也许它只能存在于黑暗

我爱你，与你无关

就算我此刻站在你的身边

依然背着我的双眼

不想让你看见

就让它只隐藏在风后面

我爱你，与你无关

那为什么我记不起你的笑脸

却无限地看见

你的心烦

就在我来到的时候绽放

我爱你，与你无关

思念熬不到天明

所以我选择睡去

在梦中再一次地见到你

我爱你，与你无关

渴望藏不住眼光

于是我躲开

不要你看见我心慌

我爱你，与你无关

真的啊

它只属于我的心

只要你能幸福

我的悲伤

你不需要管

——歌德《我爱你，与你无关》

　　"我爱你，与你无关"，这是十九世纪著名诗人歌德的名言，听起来多少有些霸道，但这却是此时荷西内心深处的独白。这种一个人的孤单爱情，在彻底的无望和一丝独自的喜悦中凝聚。我爱你，与你无关！是因为六年的时间太长，还是因为年少的我们难以承受六年的等待？无从定论，只是，请相信这颗爱你的心，永远为你而存在。

　　记得有人这样说过，爱情是一本书，第一章是诗篇，其余的多是平淡的散文、令人忧伤的悲喜剧。有些事仅仅是偶然，有些事分不清对错，有些事是不由自主，有些事是欲罢还休，有些事无法想象，有些事无法逃避，有些事却触动心灵，有些事还在犹豫，有些事却早已开始……

　　我爱你，这是一个事实，也是我的态度和决心。我爱你，不是需要一个结果，也不是需要一个将来，我只想独自去体会那爱着的过程，不管是辛酸还是浪漫，也不管是流泪还是欢笑。我爱你，不是想要你的回报，因为，爱一个人，本身就是回报。因为爱你，我不介意继续一个人上演这场爱的独角戏，爱可以是我一个人的事！"我爱你，与你无关"，或许就是荷西那时的内心独白。

　　"于千万人之中遇见你所要遇见的人，于千万年之中，时间的无涯的荒野里，没有早一步，也没有晚一步，刚巧赶上了，那也没有别的话可说，唯有轻轻地问一声：'噢，你也在这里吗？'"这是张爱玲的，也是三毛的爱情。

山盟海誓

爱情的滋味复杂，绝对值得一试二尝三醉。

　　如何让我在最美好的年纪遇见你，是上天的安排，还是命运的伏笔？这世界，太纷繁复杂；这世界，太色彩斑斓；这世界，人情百态；这世界，唯有爱情，能让人上天入地，感受到无上的快乐。但是，要经历过几次伤痛与磨砺，才能找到爱情的归宿？若不是前生的约定，怎会有今生的相遇？

　　当一段刻骨铭心的爱成为回忆，那以微笑开始、以吻生长、以泪结束的情殇该如何释怀？在情爱的世界里，女子更容易受伤，从古至今，有多少红颜为情所困、为情所殇？因为一次次的受伤，会让她失去爱的勇气，破碎的心不再相信任何诺言。辗转七年后，经历了爱人的背叛、情感的受挫，三毛心里的伤疤似乎更深了。

对的时间遇到对的人，是多么的难能可贵，尤其是对于曾经为爱而伤的女子。此时命运女神又一次召唤三毛来到西班牙，来到这个前世今生的命定之地，而这一次的"回归"，三毛不仅没有离乡背井的伤感、想家的哀愁，反而让她有一份归乡的喜悦和辛酸。这一次，命运将三毛与荷西紧紧地拉到了同一个轨迹中，去探寻心中的梦……

倘若我能拥有天堂的锦缎，

以金色与银色的流光织就，

用夜的深蓝、昼的浅淡

和一片柔和的暗黑嵌绣，

我会把它轻铺在你的脚下：

可是我，一无所有，除了梦；

于是我把梦铺在你的脚下；

轻些儿踩，因为你踩着我的梦。

——威廉·巴特勒·叶芝《他希冀天堂中的锦缎》

是梦，灿烂了你的生命；是梦，斑斓了你的画布；是梦，丰满了你的际遇。有梦的人是幸福的，因为生命中多了一抹彩色；追梦的人是勇敢的，因为内心多了一份坚守……三毛的梦，是西班牙给予的，而荷西，则是这个梦的主角。

不是所有的相遇都会开出幸福的花朵，也不是所有的人都会一直在原地等你，时间的无涯会将多少的情感抹去，会将多少的诺言带走？年轻时恋人们许下的诺言，有几个能够真正实现？诺言，并不只是用真心就可以实现的，用一生去践行诺言，这是怎样的深情与信仰才能做到！三毛，这个令荷西珍爱了一生的女子，这个让荷西用一生践诺的女子，是幸福的。

女人是爱情中最让人思绪飘逸的芳香，男人是爱情中酿造醇香的酒坛，男人和女人的故事永远是最动人的乐章，男人与女人的故事不知道产生了多少千古绝唱。正因为它让我们感动，正因为它让我们品尝到转瞬即逝的滋味，我们才不能忘记那种美好，并世代将它传颂。

说是寂寞的秋的清愁，

说是辽远的海的相思。

假如有人问我的烦忧，

我不敢说出你的名字。

我不敢说出你的名字，

假如有人问我的烦忧。

说是辽远的海的相思，

说是寂寞的秋的清愁。

——戴望舒《烦忧》

　　是什么让你烦扰？是随你而去我的心。是什么让你烦扰？是随你而去我的梦。是什么让你烦扰？是随你而去我的情。我不敢说出你的名字，因为，你——是一切的缘由。离别的日子，是你，日日夜夜叨扰着我的梦；是你，朝朝暮暮牵引着我的心；是你，时时刻刻牵绊着我的情……

　　泰戈尔说："让我的爱像阳光一样，包围着你而又给你光辉灿烂的自由。"三毛与荷西分开的这六年，荷西的爱亦像阳光，一直追随在三毛的身边，只是，那时的三毛，不知晓罢了。

过了这么多年，也许你已经忘记了西班牙文，可是我要告诉你一个秘密，在我十八岁那个下雪的晚上，你告诉我，你不要再见我了，你知道那个少年伏枕流了一夜的泪，想要自杀吗？这么多年来，你还记得我吗？我和你约的期限是六年。

这是六年后，荷西写给三毛的信。这个痴情的男人，在这一生里实现了他前面说过的想望。只是——不是一辈子，只有短暂的几年，但是他没有遗憾。在这六年里，三毛和荷西的联系非常少。只是她偶然得到荷西托一个朋友捎来他的近照和一封信，照片上的帅小伙正在河里捉鱼，留一脸的大胡子在阳光下灿烂地笑。三毛也没太在意，只是感觉：荷西长大了！

六年后的一天，三毛接到一个好朋友的电话，说有要事要她赶去她家。她根本不记得这一天是荷西来看她的日子，在三毛外出的下午，荷西打了十多个长途电话给她却找不到人。临近晚上时三毛匆匆赶去好朋友家，见面时，好朋友只是叫她闭上眼等候。有人进来了。那个人忽然从后面将她环抱起来，在屋子里转啊转。她睁开眼，竟然是满脸络腮胡子的荷西！

三毛高兴极了。她问荷西，"六年前你要我等你六年，如果我现在答应是不是晚了？"这下轮到荷西兴奋了。荷西带三毛来到住所，三毛发现那里贴满了她的照片，三毛很诧异，她从哪里得到这么多的照片？原来为了心中的挚爱，更为了当初的诺言，荷西想尽办法弄到三毛的照片，这一张张照片都使荷西的心牢牢地靠在三毛的身边，照片贴在墙上，更是贴在了心上。荷西不顾周边人的嘲笑，就这样坚持着那份对爱的执着。

如何让你遇见我

在我最美丽的时刻

为这

我已在佛前求了五百年

求佛让我们结一段尘缘

佛于是把我化作一棵树

长在你必经的路旁

阳光下

慎重地开满了花

朵朵都是我前世的盼望

当你走近

请你细听

那颤抖的叶

是我等待的热情

而当你终于无视地走过

在你身后落了一地的

朋友啊

那不是花瓣

那是我凋零的心

——席慕容《一棵开花的树》

　　世上本没有完美的事，再奇的女子，也要在人间烟火中寻找情感的寄托。三毛选择了荷西，选择了她伸手触及的幸福。在她内心深处，和荷西的爱恋，是灵魂的交响曲。

　　"我将于茫茫人海中找寻我唯一之灵魂伴侣。得之，我幸；不得，我命。"这是徐志摩的，也是三毛的爱情，总是命中注定。

春暖花开

世界上难有永恒的爱情，世上绝对存在永恒不灭的亲情，一旦爱情化解为亲情，那份根基，才不是建筑在沙土上了。

茫茫的人海，两人相遇，是多么的不容易。有人说，这是上天注定的缘分。上天把你的爱人带到你身边，需要你好好地爱，用一生的时间去践行爱的诺言。人的一生中会遇到很多人，有的擦肩而过，有的牵手一生。前世五百年的回眸才换来今生的相遇，相遇了就是缘。人有远近，缘有深浅，能在生命中留下痕迹，都值得去珍惜。俗话说：百年修得同船渡，千年修得共枕眠。相遇，总是有缘的。三毛与西班牙的缘分，与荷西的缘分，是前世的，也是今生的。

荷西："我们结婚吧。"

三毛："我的心已经碎了。"

荷西："心碎了可以用胶水粘起来。"

受过伤的心，要再次勇敢地去爱，勇敢地向前冲，需要多大的勇气？三毛的心，一次次地被情所伤，内心满目疮痍的她，面对荷西的求婚，还是有很多的顾虑，或许，这就是受过伤的人的通病吧。但是，随着荷西恋爱攻势的渐渐展开，三毛破碎的心最终被粘了起来。

恋爱总是美好的，但婚姻是严肃而庄重的，古人就曾说过"男怕入错行，女怕嫁错郎"，面对婚姻，女性的顾忌和担忧往往比男性要多很多。因为婚姻不是只有爱情就足够的，更需要面包，需要很多其他的东西。

人生就是寻找爱的过程，每个人都要找到四个人。第一个是自己，第二个是你最爱的人，第三个是最爱你的人，第四个是共度一生的人。首先会遇到你最爱的人，然后体会到爱的感觉；因为想了解被爱的感觉，所以才能发现最爱你的人；当你经历过爱人与被爱，学会了爱，才会知道什么是你需要的，也才会找到最适合你，能够相处一辈子的人。

但很悲哀的是，在现实生活中，这三个人通常不是同一个人；你最爱的，往往没有选择你；最爱你的，往往不是你最爱的；而最长久的，偏偏不是你最爱也不是最爱你的，只是在最适合的时间出现的那个人。荷西，会是三毛生命中的第几个人呢？

荷西问三毛："你想嫁个什么样的人？"

三毛说："看得顺眼的，千万富翁也嫁；看不顺眼的，亿万富翁也嫁。"

荷西："说来说去还是想嫁个有钱的。"

三毛看了荷西一眼："也有例外。"

"那你要是嫁给我呢？"荷西问道。

三毛叹了口气："要是你的话，只要够吃饭的钱就行了。"

"那你吃得多吗？"荷西问。

"不多不多，以后还可以少吃一点。"

与自己相爱的人结婚，会是多么的幸福呀！婚姻是爱情的升华，每个人都想自己坚持的爱情走到婚姻的这一步吧！而婚姻所需要的，远比我们想象中的多很多很多。

每个人都有梦想，而随着年龄的增长，各种各样变故的出现，有多少人会真的实现内心的梦想？很多女性在结婚后就以家庭为重，岁月和琐事将最初的梦想一点点地磨灭了，这，是真实的，更是残酷的。很多人在步入婚姻的殿堂后，为了一方的梦想而放弃自己梦想的，也往往是女性，不是她们不想，不是她们不愿意，但，现实就是如此。

三毛是幸福的，因为荷西一直支持她的梦想，一个为了自己所爱之人的梦想而不断努力的人，怪不得会成为三毛的最爱。三毛，是幸运的；荷西，是值得的。

去年冬天的一个清晨，荷西和我坐在马德里的公园里。那天的天气非常寒冷，我将自己由眼睛以下都盖在大衣下面，只伸出一只手来丢面包屑喂麻雀。荷西穿了一件旧的厚夹克，正在看一本航海的书。

"三毛，你明年有什么大计划？"他问我。

"没什么特别的，过完复活节以后想去非洲。"

"摩洛哥吗？你不是去过了？"他又问我。

"去过的是阿尔及利亚，明年想去的是撒哈拉沙漠。"

或许每个人都会有在其他人看来奇怪的想法，懂你的人不会觉得那些是荒诞的，爱你的人更不会认为那些是离奇的，但，若爱你的人将你的想法付诸行动，真的帮你实现了心中的所想，那，就是爱情的力量。

荷西有点不高兴，大声叫："认识那么久了，你总是东奔西跑，好不容易我服完兵役了，你又要单独走，什么时候才可以跟你在一起？"

荷西一向很少抱怨我的，我奇怪地看了他一眼，一面将面包屑用力撒到远处去，被他一大声说话，麻雀都吓飞了。

"你真的坚持要去沙漠？"他又问我一次。

我重重地点了一下头，我很清楚自己要做的事。

"好。"他负气地说了这个字，就又去看书了。荷西平时话很多，烦人得很，但真有事情就决不讲话。

想不到今年二月初，荷西不声不响申请到一个工作（就正对着撒哈拉沙漠去找事）。他卷卷行李，却比我先到非洲去了。

我写信告诉他："你实在不必为了我去沙漠里受苦，况且我就是去了，大半时间也会在各处旅行，无法常常见到你。"

荷西回信给我："我想得很清楚，要留住你在我身边，只有跟你结婚，要不然我的心永远不能减去这份痛楚的感觉。我们夏天结婚好吗？"信虽然很平实，但是我却看了快十遍，然后将信塞在长裤口袋里，到街上去散步了一个晚上，回来就决定了。

看似简单寻常的决定，三毛也是经过了千思万想的。一个将自己的梦想扛在肩头，努力去践诺的男人，是值得与其共度一生的。之前心中种种的疑虑，也在荷西的坚持与践诺中一点点被打消。

若不是深爱，怎能心甘情愿去受苦？若不是深爱，怎能将爱人的梦想扛在肩头？若不是深爱，怎能跟随你漂泊的脚步？荷西对三毛，若不是深爱，怎能如此？

我爱你，

不光因为你的样子，

还因为，

和你在一起时，

我的样子。

我爱你，

不光因为你为我而做的事，

还因为，

为了你，

我能做成的事。

我爱你，

因为你能唤出，

我最真的那部分。

我爱你，

因为你穿越我心灵的旷野，

如同穿透水晶般容易，

我的傻气，我的弱点，

在你的目光里几乎不存在。

而我心里最美丽的地方，

却被你的光芒照得通亮。

别人都不曾费心走那么远，

别人都觉得寻找太麻烦，

所以没有发现过我的美丽，

所以没人到过这里。

——罗伊·克里夫特《爱》

"我爱你"这三个字，怎样才能践行终生？将爱人的梦想作为自己的梦想，为之不断地努力奋斗，问世间，有几人能做到？流浪的心，也需要陪伴；心中的梦，也需要支持，如不是深爱，怎能圆你的梦？没有怨言，没有不悦，有的，只是一句"我爱你"。

第四卷
Chapter · 04

红尘一梦醉流沙

梦萦魂牵

让流浪的足迹在荒漠里
写下永久的回忆
飘去飘来的笔迹
是深藏激情你的心语
前尘后世轮回中
谁在声音里徘徊
痴情笑我凡俗的人世
终难解的关怀

荷西说："你的沙漠，现在你在它怀抱里了。"三毛点点头，喉咙被哽住了。

不记得在哪一年以前，我无意间翻到了一本美国的《国家地理杂志》，那期书里，正好在介绍撒哈拉沙漠。我只看了一遍，我不能解释的，属于前世回忆似的乡愁，就莫名其妙，毫无保留地交给了一片陌生的大地。

面对这片凄艳寂寥、残阳如血的大沙漠，三毛几乎不能自已，她逐渐爱上了沙漠的狂暴与沉静，爱上了沙漠的美丽星空。

从机场出来，我的心跳得很快，我很难控制自己内心的激动，半生的乡愁，一旦回归这片土地，感触不能自已。

她和眼下的沙，似乎有着千丝万缕的情愫，无论她走过海角天涯，无论她的眼里凝望过怎样的风景，终抵不过那扑面而来的黄沙，让她心甘情愿醉心的古意，让她醉梦于那前世今生般的牵引。

一粒沙，一个开始；一座丘，一个生命；一片沙，一世延续……她站在这片沙漠之中，没有红尘的喧嚣纷扰，只有万籁般的安宁寂静。红霞晕染的色泽，风霾纠缠的姿态，不是孤寂，更胜孤寂。她孤单的浪漫，如花儿般，一朵一朵地盛开在红尘的最深处。

一辈子，就好似一叶浮萍，随风飘荡，乍起涟漪，向东，向西，不知自己的根，到底在哪儿？哪儿是起点，哪儿是归宿？但终究，她回来了！为了那种难以割舍的牵挂，那种刻骨铭心的不了情，那种不知明的魂牵梦萦。

每天我想你一次，天上就会掉下一粒沙，于是就有了撒哈拉。

曾几何时，那个喜欢穿着粗布长裙，披着乌黑长发的女人，面对着茫茫的撒哈拉，说着这样动情的话。仿佛一个流浪了许久的孩子，带着皈依的虔诚，面对着自己心灵的归宿。真的是冥冥中的注定吧，她这样绮丽的女子，风一般的个性，是属于撒哈拉的，属于这浩瀚的风尘。

也许她做过很多次猜想，也许她有过无数次展望，也许从她人生中的第一个微笑，便注定了要为这迷宫一样的大漠如痴如狂，她不知道手中的纹路能够带她走多远，能够带她去哪里，也许，穷尽一生，我们都在探索自己的迷宫，三毛是幸运的，在每一次日升日落里，她都和这异常的美丽在一起。

她手捧相机，一路走来，陶醉于这片唯美孤寂，陶醉于这份苍凉。如梦如幻又如鬼魅似的海市蜃楼，连绵平滑温柔得如同女人胴体的沙丘，迎面如雨似的狂风沙，焦裂的大地，向天空伸长手臂呼唤嘶叫的仙人掌，千万年前枯干的河床，黑色的山峦，满布乱石的荒野……

撒哈拉沙漠，在我内心的深处，多年来是我梦里的情人啊！我举目望去，无际的黄沙上有寂寞的大风呜咽地吹过，天，是高的，地是沉厚雄壮而安静的。正是黄昏，落日将沙漠染成鲜血的红色，凄艳恐怖。近乎初冬的气候，在原本期待着炎热烈日的心情下，大地化转为一片诗意的苍凉。

也许去了撒哈拉，你才能爱上这个世界，同样也会爱上撒哈拉，三毛就是这样爱着撒哈拉的。没有太多理由，也许，只是为了那一汪幽蓝，那一丛青绿，为了追赶那粗砺风沙下自由的灵魂。于是，有沙漠的地方，不一定只有荒芜与悲凉。就像三毛一样，拥有沙漠的心，注定不会被搁浅。

染指红尘，缘字难解，红尘滚滚，无处可留。佛箴里说红尘无爱，可他的目光里分明有着温暖的禅泉清流。莫回首，莫相忘，魂牵梦萦皆是缘。前世今生，谁的手指触碰了那早已尘封的流年，那些细碎的时光，搁浅了殇城的容颜。

时光穿过寂寞的流沙，留下了道浅浅的痕，深深的印。荒年已陌，尘埃落定，飞舞的漫天黄沙，将她的一世掩埋。她把灵魂放逐这一片大漠，把思念留在这一座沙城，把期许给了下一个轮回……红尘中的泪，流成落花；尘缘里的恋，梦萦魂牵……

云开月明

爱情，如果不落实到穿衣、吃饭、数钱、睡觉这些实实在在的生活里去，是不容易天长地久的。

命运之神在六年前种下的爱的种子，在经历了种种磨难与曲折后，终于，开出了幸福的花朵——三毛与荷西公证结婚了。

每个女孩儿小的时候都会幻想自己结婚时的情景：穿着漂亮耀眼的婚纱，手捧鲜花，旁边是自己心爱的白马王子，婚礼中播放着动人的婚礼进行曲……毕竟，这是人一生中最重要的时刻。

三毛与荷西的婚礼虽然简单朴素，但却温馨感人。因为是在沙漠，所以举行中式婚礼不太可能，只能举行一个简单的西式婚礼，按照西式婚礼的一般形式来说，结婚当天，新郎应该穿西装，新娘则穿上纯白的婚纱，但是对于三毛来说，那一天，她和荷西的打扮实在让人难以和结婚联想在一次，甚至可以说是八竿子打不着：

我伸头去看了一下荷西，他穿了一件深蓝的衬衫，大胡子也修剪了一下。好，我也穿蓝色的。我找了一件淡蓝细麻布的长衣服。虽然不是新的，但是它自有一种朴实优雅的风味。鞋子仍是一双凉鞋，头发放下来，戴了一顶草编的阔边帽子，没有花，去厨房拿了一把香菜别在帽子上，没有用皮包，两手空空的。

婚礼是在镇上举行的，由于没有车，两人只好步行走到镇上：

漫漫的黄沙，无边而庞大的天空下，只有我们两个渺小的身影在走着，四周寂寥得很。沙漠，在这个时候真是美丽极了。

婚礼由当地的法官主持，之后交换戒指，婚礼结束。

三毛与荷西结婚了，婚后的蜜月旅行自然是必不可少的，于是，两人驾驶着租来的吉普车，出发了。旅行的第一站是荷西的工作单位——德国克虏伯公司下属的摩洛哥磷矿厂。

坐在公司的吉普车上，我们从爆矿的矿场一路跟着输送带，开了一百多里，直到磷矿出口装船的海上长堤，那儿就是荷西工作的地方。

眼前的情景让三毛联想到了007，又把自己比作邦女郎，最后还不忘把荷西及其公司打趣了一番，非常吵闹，也非常快乐。终于，参观完磷矿厂，真正的蜜月旅行开始了：

结婚的蜜月，我们请了向导，租了吉普车，往西走，经过"马克贝斯"进入"阿尔及利亚"，再转回西属撒哈拉，由"斯马拉"斜进"毛里塔尼亚"直到新内加边界，再由另外一条路上升到西属撒哈拉下方的"维亚西纳略"，这才回到阿雍来。

三毛把蜜月旅行的内容布置得极为丰富，几乎横渡了整个撒哈拉：

这一次直渡撒哈拉，我们双双坠入它的情网，再也离不开这片没有花朵的荒原了。

在蜜月旅行的途中，三毛和荷西遇到了各种各样有趣的人和事，其中就包括邂逅火烈鸟：

那个中午，我们慢慢地开着车，经过一片近乎纯白色的大漠，沙漠的那一边，是深蓝色的海洋，这时候，不知什么地方飞来一片淡红色的云彩，它慢慢地落在海滩上，海边马上铺展开了一幅落日的霞光。我奇怪极了，细细地注视着这一个天象上的怪现象，中午怎么突然降了黄昏的景色来呢！再细看，天哪！天哪！那是一大片红鹤，成千上万的红鹤挤在一起，正低头吃着海滩上不知什么的东西。

三毛所说的红鹤其实就是有名的非洲大红鹳，也被称为大火烈鸟。没来得及拍照，红鹳们就群起而飞之了：

荷西不等我再说，脱下了鞋子朝海湾小心地跑去，样子好似要去偷袭一群天堂来的客人，没等他跑近，那片红云一下子升空而去，再也不见踪迹。

但是，当时那绝美的景象却驻留在了三毛与荷西的脑海之中，不可磨灭：

没有拍到红鹤自是可惜，但是那一刹那的美丽，在我的心底，一生也不会淡忘掉了。

婚姻生活就这么开始了，面对四处漂泊的生活，三毛和荷西没有太多的情话，有的只是相互的坚守与包容，三毛曾有这么一段的描述：

那是一个晚上，荷西睡去了，海潮声里，我一直在回想少年时的他，十七岁时那个大树下痴情的孩子，十三年后在我枕畔共着呼吸的亲人。我一时里发了疯，推醒了他，轻轻地喊名字，他醒不全，我跟他说："荷西，我爱你！""你说什么？"他全然地骇醒了，坐了起来。"我说，我爱你！"黑暗中为什么又是有引起呜咽。"等你这句话等了那么多年，你终是说了！""今夜告诉你了，是爱你的，爱你胜于自己的生命，荷西——"那边不等我讲下去，孩子似的扑上来缠住我，六年的夫妻了，竟然为了这几句对话，在深夜里泪湿满颊。醒来荷西已经不见了，没有见到他吃早餐使我不安歉疚，匆匆忙忙跑去厨房看，洗净的牛奶杯里居然插着一朵清晨的鲜花。

谁能做到结婚后六年才对爱人说出"我爱你"，当下，这样的事情或许也很少。三毛与荷西的爱，不是简单的"我爱你"所能包含的，他们的感情正如三毛所说：

爱情，如果不落实到穿衣、吃饭、数钱、睡觉这些实实在在的生活里去，是不容易天长地久的。

"执子之手，与子偕老"是多少爱人的夙愿？但时间的洪荒里，多少棱角被磨平，多少浓情已化开？在春暖花开的时候，三毛与荷西，用彼此的心在爱着对方，用爱照亮了他们柴米油盐的平淡生活，天长地久也就这么实现了。

"有了爱就有了一切。"这是冰心的，也是三毛的。爱情，总是心心相印的。

漠上花开

想起了沙漠就想起了水，想起了爱情就想起了你……

　　来到沙漠，三毛变成了一个快乐的家庭主妇，经常用中餐款待荷西和他的朋友们；经常教邻居的女孩们识字，并且用简单的医疗知识解除他们的病痛；甚至她曾一个人跟着运水车，深入沙漠的腹地，了解真正的沙漠人的生活。

　　在撒哈拉沙漠定居的人是形形色色的，他们有他们的生活，他们也有他们的习俗，就像三毛在沙漠生活时对邻居的评价："感谢这些邻居，我沙漠的日子被她们弄得五光十色，再也不知寂寞的滋味了。"

撒哈拉的地形复杂而多变，绿洲洼地、陡峭的山脉、遍布的沙丘，其中自然也包括了差点让荷西丢了性命的流沙般的泥淖：

我打开车门一面叫一面向他跑去，但是荷西已经踏进这片大泥淖里去了，湿泥一下没到他的膝盖，他显然吃了一惊，回过头去看，又踉跄地跌了几步，泥很快地没到了他大腿，他挣扎了几步，好似要倒下去的样子，不知怎的，越挣扎越远了，我们之间有了很大一段距离。

撒哈拉的气候像女人的脾气，忽冷忽热，一会儿柔情似水，一会儿又变得暴躁冷酷，令人捉摸不透。三毛也吃过这方面的亏：

夕阳黄昏本是美景，但是我当时的心情却无法欣赏它。寒风一阵阵吹过来……太阳完全看不见了，气温很快地下降，这是沙漠夜间必然的现象。

沙漠中是很少有人烟的，更别说绿色的植物了，这样也可以理解为什么当年三毛与荷西要冒险去总督的花园里偷植物来装饰自己的小家了："那个晚上，我们爬进了总督家的矮墙，用四只手拼命挖他的花。"

三毛是爱极了撒哈拉的。爱撒哈拉的黄沙，爱撒哈拉的绿洲，爱撒哈拉的人，爱撒哈拉的风。撒哈拉对于三毛来说，既是亲人，又是朋友，也似情人。三毛与撒哈拉的情缘是一语道不尽的。

世界上没有第二个撒哈拉了，也只有对爱它的人，它才向你呈现它的美丽和温柔，将你的爱情，用它亘古不变的大地和天空，默默地回报着你，静静地承诺着对你的保证，但愿你的子子孙孙，都诞生在它的怀抱里。

三毛应该是一株沙漠中的奇葩吧！也许荷西眼中，她就是沙漠中那朵最靓丽的玫瑰。别人看来不可思议的行为，在他看来，都是那样理所当然。三毛曾说，如果你给我的，和你给别人的是一样的，那我就不要了。怎么会一样，滚滚红尘，半世流离，他始终是那个愿意和她爬进总督家的矮墙，用手拼命挖花的荷西，尘缘里，那个愿意随她流浪远方的荷西……

一个人的天空，再蓝，也寂寞；两个人的沙漠，再荒凉，也快乐。三毛说："这一次直渡撒哈拉，我们双双坠入它的情网，再也离不开这片没有花朵的荒原了。"就是这样一个女子，行走在沙漠里，留下了浪漫和传奇。这世间的女子，是不是都可以像她一样，将美丽盛开在漫漫黄沙中，将爱流淌在滚滚沙漠里……

多少个晨昏暮日，三毛与荷西携手缓步前行，游走在漫漫大漠，穿梭于沙漠周边古老的城市，穿越起伏连绵的沙丘，走访神秘原始的部落，在绿洲集市上买卖寻宝。她回眸一笑时的温柔，便是两人倾情千年的相逢！前半生，她爱的是茕茕孑立的旅行，遇到他，原来也如此习惯这相依相偎的时光。

晨曦与黄昏衍变交替，镌刻一个个平凡的日子，记录三毛和荷西浪漫的岁月。这样的日子，哪怕只是静静地看着大漠的黄沙，听着粗砺的风声，亦可以慢条斯理，爱意缱绻。这样的日子，她随心所欲地支配自己，快乐地游走在光阴之外，任流沙从指间滑落，任浮华在平淡中尽落。哪怕平凡，也定演绎得淋漓尽致；哪怕悲苦，也会诠释得痛快酣畅。

这里有什么吸引我？天高地阔，烈日风暴，孤寂的生活，有悲伤，有欢喜，连这些撒哈拉威人，我对他们一样有爱有恨，混淆不清。哎，连我自己也说不清楚。

这个灵动洒脱的女子，漫天的风沙没有遮掩了她的色彩，她是如此自由，又是如此可爱。她眷恋着沙漠中的一沙一草，也喜欢着沙漠中的一人一物。沙漠中的日子如此快乐，全因了沙漠中有一个如此可爱的传奇女子。日子被她结绳记事，她满怀着欣喜，记取着每一天的晨昏日暮。黄沙入颈，拈一粒来，尽是一分随意、一丝淡定、一点不羁、一缕温暖。

生命，在这样荒僻落后而贫苦的地方，一样欣欣向荣地滋长着，它，并不是挣扎着在生存，对于沙漠的居民而言，他们在此地的生老病死都好似如此自然的事。我看着那些上升的烟火，觉得他们安详得近乎优雅起来。

彼时，她不会知道她的眷恋注定要荒芜一生，曾经的爱注定会成为今生的痛，即使知道，也许她依然会如此轰烈，在苍茫的世界里演绎一卷南柯一梦。即使沙漠没了生物，她也会欣然听狂风漫卷细沙，为她轻轻敲打。茫茫尘世，他是她生命里唯一的选择，短暂尘缘，如果时间可以就此停留……

古人说，人生若水，水痕深，而逝水无痕。那一江缓缓向东流的春水，流到了那个一片荒原的国度……独步天涯，她寻找着曾经的一缕缕记忆痕迹。又是一年春华秋实，缥缈的云烟，朦胧的心事，抚慰她满眼的潮湿，无言地消融这场匆匆聚散。

风，读懂了她的思念，驱逐着荒凉的迷惘，咫尺系着天涯。她是否也叩问过苍天，那致命的邂逅，多情的过往，到底是幸福的乐章，还是迟暮的挽歌？一切如梦，谁又能阻止得了纷飞的欢乐瞬间变成满地的相思，缘起此番，纵然离去，他们也曾在这荒凉中盛开过最温情靓丽的花朵。

美丽的痕迹，瞬间飘散如烟，不经意间便深深地沉沦其中。孤月照清影，柔风醉痴人，原来这场红尘如此醉人，亦如此伤人。陌上花开，错落了多少时空交织的残影，烟波浩渺，流淌了多少繁华似水的流年。沙轻似梦，片片流沙都镌刻着深深浅浅的思念，落入指间，微风轻荡，旋舞如蝶，摇曳成时空里的一弦绝唱，流淌在岁月流光里的一曲歌赋。

尘埃落定，诉别天涯。转身，已是百年浩瀚。泪已倾城，烟花飞逝，散落的，拾起的，都是凝眸的回忆瞬间，却始终无法化成他的脸庞，他的身躯，随她继续流浪！交织今生的缘错，他留下一缕清风，化作万缕青丝，把她的思念编织成了网，她终是过不了他的劫，埋了尘世，乱了浮生……

惊鸿别样

你走过的每一个地方，哪一处不会成为我温暖的记忆？人生路上的哪一个相逢，不是我们携手留下的风景？君应有语，渺万里层云，千山暮雪，只影为谁去。

撒哈拉沙漠，与其说是一个被上帝抛弃的地方，倒不如说是一个始终被上帝眷顾的地方，因为它有着众多壮观的自然景观与文化景观，深厚的历史沉淀更为它披上了一层让人捉摸不透的面纱。三毛完全被它的魅力所吸引：

早晨的沙漠，像被水洗过了似的干净，天空是碧蓝的，没有一丝云彩，温柔的沙丘不断地铺展到视线所能及的极限。在这种时候的沙地，总使我联想起一个巨大的沉睡女人的胴体，好似还带着轻微的呼吸在起伏着，那么安详沉静而深厚的美丽真是令人近乎疼痛的感动着。

撒哈拉周围有着许多充满魅力、个性、底蕴的城镇。荒漠之中，大风肆虐，漫漫黄沙，而风沙之后，在夕阳的照射下，显示出了一座座古城的轮廓，破败、残旧，亦巍峨、沧桑。三毛和荷西走过那一个个梦幻般迷人的古城，留下一串串痕迹，它们是三毛和荷西生命中的绿洲，也是他们爱的痕迹。

如诗如画的多被称为"西迪·布塞"的是北非最美丽的小村落，白屋蓝窗的多被称为"安达卢西亚"风格的小屋，美得让人心醉。不知道为什么，不管当地人，还是游客，都更喜欢将这个小镇称为"蓝色小镇"。它面朝着迦太基海湾，白色楼房整齐地依山而建，错落有致，颜色鲜艳的九重葛爬满了白墙及水蓝色的窗棂。所有的院门、窗户和楼梯扶手全都漆成天蓝色，与地中海蔚蓝色的海水相映成趣。

这里也是突尼斯著名的艺术家村落。一九一四年，保罗克雷、奥古斯都马克，以及路易斯马雷三名年轻画家选择在此落地生根，并且开始以西提普赛德为主题作画，创造出了一系列的小镇风情画。三毛也是一个画画的好手，而且她的人生也是因为那个画家老师而改变的，那个被三毛称为"一种温柔而可能了解你的人"。

我向他跨近了一步，微笑着伸出双手，就这一步，二十年的光阴飞逝，心中如电如幻如梦，流去的岁月了无痕迹，而我，跌进了时光的隧道里，又变回了那年冬天的孩子——情怯依旧。那个擦亮了我的眼睛，打开了我的道路，在我已经自愿淹没的少年时代拉了我一把的恩师，今生今世原已不盼再见，只因在他的面前，一切有形的都无法回报，我也失去了语言。

如今，这里已经变为求婚者的天堂，因为流传着这样美丽的说法，在这里说声"I love you"，会使你和你的情人牢记一生。多少人在这里许下心愿，留住爱恋，一个凝眸，就像一辈子，刻在心里。

杜兹，突尼斯南部最靠近撒哈拉沙漠的绿洲，一座四周被沙漠包围的村镇，穿长袍的柏柏尔人和古老的阿拉伯建筑，让它一直有着天方夜谭般的神话气息。

远离我们走过的路旁，搭着几十个千疮百孔的大帐篷，也有铁皮做的小屋，沙地里有少数几只单峰骆驼和成群的山羊，我第一次看见了这些总爱穿蓝色布料的民族，对于我而言，这是走近另外一个世界的幻境里去了。

夜晚，杜兹，满天星斗，沙漠的夜空星星又亮又圆又大，云一般成片分布在暗蓝色的天空里。凌晨，早起，开着车进入沙漠看日出，撒哈拉的太阳，总是相当准时的。天际出现了一点儿鱼肚白，沙漠从漆黑到灰白显出依依稀稀的样貌，晨光均匀地勾勒出沙丘连绵起伏的轮廓，犹如仙境一般的美丽！

有人说，人生就像一次旅行，不必在乎目的地，在乎的是沿途的风景和看风景的心情。也许，应该还有相伴看风景的人吧！一路上，总有一些这样或那样的惊喜，不至于荒芜了艰难跋涉的灵魂，不至于任寂寞丛生。三毛，是否也在某一个月夜，伴着荷西，望着神秘的月亮，这个古往今来人们倾诉衷肠的对象，许下山盟海誓。尘世碎语，蔓延苍穹……

丹吉尔是一座历史悠久的古城，它过去的名字是丁吉斯，阿拉伯语称其为丹杰，意为"辽阔的海湾"。整座城市就宛如一片绿色的海洋，让人舒适、宁静。它与三毛和荷西曾经在大加纳利岛住宅的周边环境极为相似。

我们的新家，坐落在一个面向着大海的小山坡上，一百多户白色连着小花园的平房，错错落落地点缀了这个海湾。

尽管有时大西洋水面突然间雾气蒙蒙，风急浪涌，但丹吉尔海滨却依然宁静而晴朗。灰色的飞鸟扇动着翅膀牵动了三毛的视线，它们是否也有意无意地偷听了她和荷西的细语？当黄昏张开金色的羽翼掠过天际，青碧的草儿合拢了双臂准备闭上蒙眬的睡眼，夕阳便醉成了一轮酡红，披上绚烂的睡衣沉沉下落了。晚霞在天空的裙裾飞扬，曼妙的舞姿不断地变幻，随夕阳飘落，一如那些过往的时光。

迦太基古城遗址坐落于比萨山顶，整个古城的范围十分辽阔，其中包括了古罗马人的祭坛、别墅遗址、剧场以及公共浴池和供古代军用或商用船只停泊的码头等。不知不觉之间，迦太基古城已有三千年的历史，今日的迦太基古城只剩下一堆残垣断壁，昔日的繁华风韵早已都被罗马人付诸一炬。"山河破碎风飘絮，身世浮沉雨打萍"。

如血的残阳下，谁能想见这儿曾经的辉煌？时光破碎成满地嫣红，忘却无数记忆。谁能让瞬间变成永远？谁能让来生恍若昨日旧梦？三千世界里，谁会是惜花之人？千年的守候，谁又能躲过那一个回眸的温柔？蓦然还是吹箫的白衣少年，刹那已是故园暮色，鬓发如雪。良辰美景，蝶飞翩翩，也不过是一期一遇，不经意间，花开花落，已是春归无觅处……

三毛说："请相信上天的旨意，发生在这世界上的事情没有一样是出于偶然，终有一天这一切都会有一个解释。"是啊，就连去到一座城，遇到一处风景，似乎都有因缘牵绊。一个词便是一个江湖，一个回眸就是一个过场。前面是碧水的幻影，后面是尘世的迷茫。

人生依依，路途茫茫，当千帆过尽，岁月把柔情化作泪水淹没在滚滚红尘，留下谁的哀叹，彷徨于灯火阑珊处。沧海桑田，流年缱绻，念起的昨日，是轮回的纠缠，只在梦里遗忘，于世纤尘不染，独奏那曲宿命的悲歌。

尘缘，这只流光的青鸟，它啄走了她的前生和他的今世；灵犀，这只瑞兽，它把他和她的前生今世互相搅拌纠缠。那个时候，她盈盈地凝视他醉里挑灯看剑，他幽幽地聆听她三叠阳关唱到千千遍。今朝，在天地苍茫的大漠，在风情万种的异域，在一座座别样的圣城，那些思绪和记忆，像花朵一样，喧哗着，寻找阳光，寻找绿洲……

第五卷
Chapter · 05

聚散离别两茫茫

翩然挥别

好似相遇了千年，最后却以离别收尾，好似指尖流逝的细沙，越是紧握，反而消失殆尽，满腔的怨念化作深夜的相思，直到天明。无数昼夜，凝视天空，像是等待你的再次出现，将记忆烧成灰，却成为了最凄美的别离……

人，生于俗世，本是匆匆过客，邂逅于偶然，相忘于必然。你与哪些人擦肩，回首凝望，这份相遇与凝望便是缘分，奈何缘深缘浅，是因缘际会，也是命中注定。你的情之所起，情归所处，也许上天早已安排妥当，而你只需欣然前往。

都说世事迷人眼，可迷的又何止是眼呢？走过太多的路，看过无数的景，却常常在浩如烟海之中丢失自己，往昔缠绕的记忆总是让人不忍自由呼吸。过尽千帆，当年往事早已没了曾经的鲜亮。孤独行走在陌陌红尘中，总会渐觉脚步沉重，肩上的行囊早已塞满岁月的光景。我们需要用记忆稀释哀愁，换取些幸福打动灵魂。

有人说，爱上一座城，是因为城中住着某个喜欢的人，其实并不尽然，爱上这座城，也许仅仅是因为这里的一道风景，一段深藏记忆的往事，一处倍感熟悉的宅所，亦或许仅仅只是喜欢，没缘由的喜欢，所谓"情不知所起，一往而深"，正是如此。

西班牙，这个被誉为欧洲最具异域风情的国度，对许多人而言它是陌生的，是一个有生之年也无法企及的地方，你与它无缘，但有人恰恰与它有深入骨髓、渗透灵魂的缘分。

三毛正是这样的女子，西班牙于她而言，是幸福开始与终结的地方，是充满欢笑与泪水交织的梦乡。这个美艳如画笑如花的女子，将自己一生缘分的情节皆留于此地。

遇见一个人，只需一瞬，爱上一个人，则需完整的青春年华来诠释，浅尝辄止的交往不能说是露水姻缘，相守到老的爱情也不一定就是完美无缺。在注定的人世情缘里，一切只能看命运的安排。

世间的女子，早就知晓是各具其风韵和气质的。但美丽的女子背后总是会有一段缱绻缠绵或痛入心扉或热切炽热的爱情。只有这样，女子才会长大，犹如破茧之蝶绽放最华美的身姿。在最美好的年华，遇见了最适合的爱情，无论怎样，都是对灵魂最纯美的见证。

三毛与荷西的第一次相遇，是有惊艳意味的，也就是那一眼，成就了三毛一生的爱情，也成就了马德里在三毛心中的重要地位。人生处处有伏笔，不是遇见就会相守，不是相守就能长久。

如若离去，定后会无期。多么酸楚凄凉之语。红尘多少岁月，谁人未经历过生死，那些突然而至的离别总是让人措手不及，难以招架。都说人生何处不相逢，但有些转身便是诀别，至此再不相见。

噩运，总是在最欢快的乐章中来临，它的前奏是被幸福与满足填满的，相守六年的幸福，却在一瞬间灰飞烟灭，不复存在。细细叮咛就在耳畔，寥寥数语落心间，转瞬间，已悲喜两重天……

荷西潜水时出了意外。那一年荷西仅三十岁！多么年轻旺盛鲜活的年龄啊！挚爱之人的离去，让三毛几天没吃没喝数度晕倒过去……万物再美好，已毫无留恋，她，执意陪荷西一起走……后来，因友人不断地劝慰，三毛才肯答应：绝不自杀。

荷西的离开，宛若带走了三毛那充满活力的灵魂，在那段悲伤的日子里，三毛忙着替荷西订做墓碑，并每天买大把的鲜花去墓地看她的爱人，陪他说话，直至天黑仍不肯离开……

问世间，情是何物，直教生死相许？天南地北双飞客，老翅几回寒暑。欢乐趣，离别苦。就中更有痴儿女。君应有语，渺万里层云，千山暮雪，只影向谁去？横汾路，寂寞当年箫鼓，荒烟依旧平楚。招魂楚些何嗟及，山鬼自啼风雨。天也妒，未信与，莺儿燕子俱黄土。千秋万古，为留待骚人，狂歌痛饮，来访雁丘处。

——金末·元好问《摸鱼儿》

三毛陷入了半疯癫的状态。在为荷西守灵的那夜，三毛对荷西说：

你不要害怕，一直往前走，你会看到黑暗的隧道，走过去就是白光，那是神灵来接你了。我现在有父母在，不能跟你走，你先去等我。

说完这些，三毛发现荷西的眼睛流出了血。又该怎么解释这一切呢？悲到极致，已无言，生死相隔的悲痛，未经历之人是无法言说的。还能感知你拥抱的温度，转眼间已变得冰冷毫无生气。如果可以，我想三毛一定愿意用自己换回爱人的一颦一笑，一言一行，只为再续那如初的美好幸福。

我总是在想荷西，总是又在心头里自言自语："感谢上天，今日活着的是我，痛着的也是我，如果叫荷西来忍受这一分钟又一分钟的长夜，那我是万万不肯的。幸好这些都没有轮到他，要是他像我这样活下去，那么我拼了命也要跟上帝争了回来换他。"

那个花繁叶茂的季节，万物一如常态的多姿丰饶，幽深的小路偶有行人走过，一切都是闲适悠然的样子，可有人却将记忆的颜色与柔情留在的时间的尽头，再也不曾重来。

　　有人说，生命就像是一幕独角戏，看遍世间繁华景，总归转头空，纵使光阴如何繁盛，最后面对岁月叹然的也仅有自己一人。于是三毛开始学会适应一个人的世界，也许仅是桌上一杯茶，手中一本书，与之相伴，看似清冷寂寞，却也无牵无挂，无喜无悲。

　　在已经幻灭之时仍然坚持不渝地追求，可想而知，三毛对心中所爱男子的"相思"是如何的铭心刻骨。此女子为情而困，为情而悲。当作生命中珍而重之的唯一。有了爱情，会让女人觉得拥有了整个世界。失去爱情，又让女人感到被全世界遗弃。因为在乎，因为重视，所以女人喜欢为情伤神因爱流泪。

　　　重帷深下莫愁堂，卧后清宵细细长。
　　　神女生涯原是梦，小姑居处本无郎。
　　　风波不信菱枝弱，月露谁教桂叶香。
　　　直道相思了无益，未妨惆怅是清狂。

　　　　　　　　　　　　　　——唐·李商隐《无题》

　　然而，不管是什么样的眼泪，只有真实的才是生动的。古往今来，为情所困，饱受离别相思之苦的又岂止三毛一人？"角声寒，夜阑珊，怕人寻问，咽泪装欢"，人前强颜欢笑的唐婉眼泪流在人后，哀怨无奈，苦不能言；"眼空蓄泪泪空垂，暗洒闲抛却为谁"，林黛玉抛珠滚玉偷偷抹泪，独自憔悴；而三毛的眼泪则是对已逝爱人的无限怀念与不舍。

蓦然回首，猛然发觉，原本认为天长地久的成熟的爱情也会脆弱到不堪一击，在深秋尚未到来之前似乎已过早凋落了。

落落红尘中大概有两种人眼泪最多吧！郁郁不得志的文人，独困闺楼的未婚女子。他们每见月落花残，最容易流出一些眼泪的。许是感怀身世，许是触景生情，隐约还可见一番赤子情怀。

突然难过起来，心中开始沉重，"非干病酒，不是悲秋"那愁是从何而来，竟如此不着边际又不露痕迹，唯有被它践踏过的心才会看到它那骄傲的背影——终于，泪又征服了自己。

浮生一梦

今夜无星月，你的影子依然清晰。是什么在骚动内心，又为何满腹酸楚，却依然苦守着那份不倦的痴念，手执泛黄的书卷，深陷在无涯的孤独中，用随风摆动的长袖采撷一抹褪色的嫣然和一丝化不开的情愫，染就一幅绝美的画卷？

小桥流水，竹影婆娑，女子站在月光下，手扶窗棂，一遍又一遍看着自己的执拗，幽寂的林子，娇嫩翠绿的叶子诉说着独属于她的悲伤，沙沙地反复吟唱那份憔悴，那份铭记心底的惆怅寂寥……

满身伤痕的三毛开始羡慕糊涂，何时才能让自己再一次感知荷西的温度，在他深情的目光中，红了面庞。心碎了，泪尽了，明白了，是他教会她，什么是珍惜，他给了她人生中最丰盈圆满的快乐，赐予了她最难以割舍的爱恋，同样，他也碾碎了她多少个黑夜才积攒起来对幸福的梦想。

　　筋疲力尽的她虔诚地祈祷上天，祈祷能和他再续姻缘，但总有人在她耳边诉说，面对胜过逃避。多情之人最易伤，谁又不想扔下悲伤呢？只是苦于不知如何去做而已，只能笑着自己的执着，为难自己。

　　一个人的离去，寂寞了整个世界。纵使繁花锦簇，没有荷西的陪伴，在三毛眼中依然荒凉一片；纵使霓虹闪烁，没有荷西的并肩，三毛依然还会迷路。一个人想要抱有内心的澄澈和宁静是多么不易，因为你无法逃脱世俗之外，无法跳脱万丈红尘，在俗涛浊浪面前，奈何你怎样挣扎也于事无补。

　　可是三毛不会说，不会让世人看见她的苦，她的累，她只会默默地妥协，默默地让步，或许这种聪慧与淡然是与生俱来的，不需要漫长的人生历练才会参悟此道。可明明水一样的眸子里，还是那样喜欢玩耍，爱好流浪，仿佛像个孩子般，告诉我们，她是多么的毫不在意，不经世事。

　　重新回到台北，三毛的应酬活动变得越来越多。名目繁多的饭局、演讲、座谈会，让她感觉非常疲倦，似乎有些力不从心，难以应付。原本就热爱宁静甚至荒寂生活的三毛，丧偶之痛刚刚淡了一点，滚滚红尘又接踵而至，这让她再一次产生了逃走的念头。

最终，三毛还是决定用远行的方式逃离一切，她再一次回到大加纳利去，她要回到那个荒美的孤岛上去。也只有在那里，她才可以重温与荷西在一起的纯净和安宁，寻找那份自己遗失的幸福。

一九八〇年四月，三毛离开台湾，回到了大加纳利岛，这是她第四次来到西班牙，这个在她心中等同于幸福的地方。四年前，她到大加纳利岛的时候，失业在家的荷西，天天在海边等待着她。可如今，物是人非，丈夫已经离开了她，等待她的只剩下空空的屋子和房子外面漂泊的海船。

三毛在前往大加纳利岛的途中，耽搁了将近一个月的时间。直到五月底，她才结束了这次漫长的行程。在此期间，她分别在瑞士、意大利、奥地利和马德里等地逗留了数日，一路旖旎的风光和亲朋好友的关心，慢慢抚平了她心中的伤痛。

第一站她选择了瑞士。三毛登上飞机，经香港，越昆明，到达瑞士；再坐火车到洛桑，一到车站，三毛吃了一惊，这座古典风格的车站，竟然和她梦中的车站一模一样！

三毛在大加纳利岛的家有个很大的后院，后院里有一个细草秆铺成的凉亭，凉亭里设有座椅，有的是可坐人的大树根。

三毛的家是一幢小巧的西班牙式建筑，屋子里被装饰得很美。客厅正中间有一面大窗，常年挂着米色的窗帘，这使得屋里的光线显得有些暗；地上铺着黄色地毯，老式的碎花沙发上放着许多靠垫；古雅的白色台布罩着老式茶几，藤做的灯罩吊得很低；一排很大的书架，几乎占满了整整一面墙；一套雕花木餐桌和椅子，摆在沙发对面；房间的右边，还是一排书架，架边有一个拱形的圆门，通向另外一间明亮的客厅。客厅完全粉刷成白色，细藤的家具，竹帘子。

古式的加纳利群岛的"石水漏"，被放在一个漂亮的高木架上，藤椅上是红白相间的棉布坐垫，上面还靠着两个全是碎布凑出来的布娃娃。墙上挂着生锈的一大串牛铃，非洲的乐器，阿富汗手绘的皮革。屋梁是一道道棕黑色的原木，数不清的盆景，错落有致地吊着放着。地毯是草编的，一个彩色斑斓的旧画架靠在墙边。

最引人注目的摆设，是书架上两张放大的照片：一张是荷西的单人照，另一张是他们夫妻的合照。两张照片都是黑白的。照片前面，插着几朵淡红色的康乃馨。后来，三毛卖掉了这所房子，在附近买了一座两层小楼的宅院。院内一半是草地，一半是砖。院中有一棵高大的相思树，枝丫重重叠叠地垂到腰际，柳树似的缠绵。

站在大加纳利岛荒美哀愁的海滩上，目送着远处漂泊的海船，拉芭玛岛就在对面，它的样子是那么清楚。那座离岛，是一座死亡之岛。深蓝的火山和神秘的巫婆，是三毛永远不能忘掉的苦难记忆。而她的丈夫荷西就长眠在那个岛上。

忘不了的

是你眼中的泪

映影着云间的月华

昨夜下了雨

雨丝侵入远山的荒冢

那小小的相思木的树林

遮盖在你坟山的是青色的荫

今晨

天晴了

地萝爬上远山的荒冢

那轻轻的山谷里的野风

佛拭在你坟上的是白头的草

黄昏时

谁会到坟间去辨认残破的墓碑

已经忘了埋葬时的方位

只记得哭的时候是朝着斜阳

随便吧

选一座青草最多的

放下一束风信子

我本不该流泪

明知地下长眠的不一定是你

又何必效世俗人的啼泣

是几百年了啊

这悠长的梦

还没有醒

但愿现实变成古老的童话

你只是长睡一百年

我也陪你

让野蔷薇在我们身上开花

让红胸鸟在我们发间做巢

让落叶在我们衣褶里安息

转瞬间就过了一个世纪

但是

这只是梦而已

远山的山影吞没了你

也吞没了我忧郁的心

回去了

穿过那松林

林中有模糊的鹿影

幽径上开的是什么花

为什么夜夜总是带泪的月华

——席慕容《泪·月华》

一九八〇年六月，三毛回到拉芭玛岛，为荷西扫墓。虽然距离她上次离开还不到一年的时间，但是坟墓的变化真的很大：

冲到你的墓前，惊见墓木已拱，十字架旧得有若朽木，你的名字，也淡得看不出是谁了。

三毛买来了笔和淡棕色的亮光漆，将荷西的墓志铭，一笔一笔地重新填好：

荷西·马利安·葛罗。安息。你的妻子纪念你。

荷西，我回来了，几个月前一袭黑衣离去，而今穿着彩衣回来，你看了欢喜吗？向你告别的时候，阳光正烈，寂寂的墓园里，只有蝉鸣的声音。我坐在地上，在你永眠的身边，双手环住我们的十字架。我的手指，一遍一又一遍轻轻划过你的名字——荷西·马利安·葛罗。我一次又一次地爱抚着你，就似每一次轻轻摸着你的头发一般的依恋和温柔。我在心里对你说——荷西，我爱你，我爱你，我爱你——这一句让你等了十三年的话，让我用残生的岁月悄悄地只讲给你一个人听吧！我亲吻着你的名字，一次，一次，又一次，虽然口中一直叫着"荷西安息！荷西安息！"可是我的双臂，不肯放下你。

那个炎热的午后，花丛中，穿着彩衣的女人，一遍一遍用油漆漆着十字架，漆着四周的栅栏，没有眼泪，只是在做着一个妻子应做的事情——照顾丈夫。

每来一次拉芭玛岛，三毛就好像死过一次似的，伤心的往事总是会将她紧紧裹住，令她不能喘息。隐居的心灵，并不寂寞。对荷西的怀念，已经占据了她全部的情怀。偶尔，她还独自出去打猎、旅游和宿营。只是没有了荷西，她的兴致再也不像以前那样高了。

恋爱中的人，连周围的空气都是甜蜜的，说这句话的人，是幸福的，因为她一定深深地爱过与被爱过，她明白那种拥有与被拥有的满足，仿佛行云流水都充满了感情，身体的每个细胞都可以在空气中自由地呼吸与翱翔。心中充满爱，麻布粗衣胜过绫罗绸缎，粗茶淡饭好过皇宫御宴。

而西班牙这个国家，就是三毛的幸福之地，她的梦中乐园，在这里她与荷西相识、相恋，度过了人生中最夺目绚丽的时光。三毛曾说过她最爱逛马德里的旧货市场，认识荷西以前自己去逛，认识荷西以后两个人一起去逛。

两个人手牵手，走在马德里最负盛名的露天市场，彼此感受着对方为自己营造的浪漫，每一天都如梦境般，似有似无地流淌着，三毛与荷西有着说不完的话题，她的一举一动，都会让他不忍错过，而她也会因他的幽默可爱笑出声音，双眸一对视，心底就会荡漾起幸福的微波。

马德里，三毛梦中的橄榄树，为什么一定要是橄榄树呢？也许与西班牙盛产橄榄是有点儿关联的，但更多的应该是马德里带给三毛的永远是翠意盎然的景致，以及热情灵动的回忆。

　　不要问我从哪里来，我的故乡在远方。为什么流浪，流浪远方？为了天空飞翔的小鸟，为了山间轻流的小溪，为了宽阔的草原，流浪远方。还有还有，为了梦中的橄榄树。不要问我从哪里来，我的故乡在远方。为什么流浪，流浪远方？

——三毛《橄榄树》

　　西班牙的建筑风格是五花八门的，尤其是在马德里，这一点更是被淋漓尽致地体现了出来，纵观马德里的繁华大街，一条街就是一个建筑博物馆，各种建筑风格在这里争奇斗艳，只有你叫不出的，没有你想不到的。哥特式的、古典主义的、浪漫主义的、巴洛克风格的、现代主义的……多种风格并存，空气中飘荡着流浪与时尚相互结合的味道。每一个建筑都见证了他们的爱情，那这么多风格的建筑，可否说，往昔的岁月见证了这段短暂却始终鲜亮耀眼的爱情。

　　可再美的爱情终有落幕的一天，三毛却用另一种方式铭记永恒。人们或许会疑惑，是什么力量让三毛最终走上了不归之路，终是追随荷西而去？其实答案不难解读，归结起来，女人最在乎的是心，三毛亦是如此。古人云："易求无价宝，难得有心郎。"就是此理。

荷西是最懂三毛的，他的心时刻都在为三毛的点滴心思而转动，因此他从不勉强她去妥协，总是满足她所有的奇思妙想，所有的不符常理，只想让她像个孩童那样，做着自己爱做的梦，活在自己想生活的世界，而他只需微笑驻足凝视，参与其中便可。正是这份有心，让荷西最终成为三毛一生唯一的风景。

记得当时年纪小

你爱谈天我爱笑

有一回并肩坐在桃树下

风在树梢鸟在叫

不知怎么睡着了

梦里花落知多少

——三毛《梦里花落知多少》

三毛与荷西，不仅是爱人，更是灵魂伴侣，是那种不仅只关风月，而是仅一个眼神，一个眉宇间的紧蹙，就能看到对方内心的人，他就是她，她亦是他，不分彼此，融入血液，因此他知道她要的是什么，想的是什么，像看透自己一样了解你。

一次三毛问荷西："如果有来生，你愿意再娶我吗？"

荷西："不，我不要。如果有来生，我要活一个不一样的人生。"

三毛打荷西。

荷西："你也是这么想的，不是吗？"

三毛看看荷西："还真是这么想的。既然下辈子不能在一起了，好好珍惜这辈子吧！"

只能说造物弄人，即便是这辈子，他们也没有完整地走完一生。但谁能说，只有完整才是圆满，而残缺就是遗憾呢？有时候，感情的残缺更为美丽，更被铭记，它不会随着时间、空间的变换而褪色遗忘，愈显珍贵。

他们的爱情如此稀有，才令作为看客的我们为之动容，更叹何其有幸可以在这美好年华，不辜负这场青春的盟约。

时光微凉，远去的往事犹如一池春水，微风轻拂，泛起丝丝涟漪。早已铅华尽洗，明净纯粹，经历人生聚散匆匆，尝过世间凡尘种种，唯留沧桑点缀其中。流年还是无恙的模样，草木山石依然清明。细雨中的身影越发轻薄，残存往昔的味道，但心中所等之人，已不会再来。

相思未了

思由情生，念由情起。

思念，终究逃不过一个情字，时间或许会冲淡心中那记忆的面庞，但却无法磨灭心中那份缠绕不断的情感。岁月的累积不断，就像是不断加重的砝码，紧压心头，难以移动。

　　众生百态，有人活得清醒，有人贵在糊涂，但这都仅是存活于世的一种态度。无论是凡夫，还是雅客，无论是被凡尘市井侵染多久，心灵总会留出一方净土，品味美好。

　　宿命当前，我们是别无他法的。有时难免会想，做个俗世之中最平凡的女子，不需清澈明净，无须桀骜高远，像悬崖上的花儿一样，孤芳自赏。而是只做个善良温婉的女子，安分守己、相夫教子地活着，不奢求轰烈的爱情，也没有生死的离别，只是与最平凡之人相守最平凡的一生，岂不更好！

　　三毛选择了荷西，选择了她最能触手可及的幸福。这是三毛作为女人一生之中最快乐的时光，在她内心的深处，与荷西的爱恋，是可以用童话般的美好去感悟和升华的。不求浓烈相守，但求清淡相依。

　　也许他们注定是不属于人间的，这段爱情似乎理应存在于天堂。三毛让荷西等了一辈子，让周遭一切的凡尘女子难以入他的眼，进他的心，只为专心等待那个一眼万年的命中注定，等待着她与他共度一生的承诺。

　　三毛是那个采撷风景之人，而荷西却是那个始终在驻足等待之人。三毛偶然地回眸，发现那个人依然还在，总是不远不近，那样的恰好着，适当着。也许是感动了，也许是三毛的灵魂需要停歇了。一生有这样一个人在坚定地等待自己，还能有什么别的需要呢？最终在对的时间，遇见对的人，一切自然安好。

　　想起了这样的一句话："我来到这个世界就是为了等你的出现，如今你走了，我还有什么理由继续一个人的生活呢。"可能就是这样，情到深处，不仅仅是两个人的情感联系在一起，而灵魂和生命也交融一起了。虽然三毛与荷西有着文化和地域上的差异，但这些并没有成为相爱之人之间的障碍，荷西迷恋着三毛的一切，她做的中国菜，她的中国医术，以及她的善良和聪明。

爱情是伊甸园的果实，甜美却总是让人失去理智，它诱惑世人去采摘，去品尝，但却让人失去理智。无论怎样的爱情都是一份美好，一份收获。而刻在心底的爱，则是对灵魂最奢侈的馈赠，因为它无私无欲，因为淡泊忧伤，才会是真正的永恒。而三毛何其有幸，得此爱情。

这个夏天注定染遍悲伤，思念在这个季节疯长不息，当他的影子在斑驳墙壁上模糊，当夜晚的徐风吹皱了她的眉头，阳光中的灿烂变成憔悴的记忆，一切黯然神伤，愁断肠。

日子的容颜老成一张黑白底片，已经看不清楚是怎样心动的色彩和神伤。萧索映在唇边，清冷伴在指尖，在掌心缠绕的忧愁已迫不及待地纠缠起来。记得谁说过哪怕是缺少一年，一个月，一天，一个时辰，一分一秒，都不叫一辈子。而三毛与荷西是缺少了多少年、多少月、多少个时辰。不知道在三毛内心的深处，在无数个难以入睡的夜晚，会不会哀哀地怨他、恨他，为什么不守曾经的誓言，为什么缺失了自己的人生，留自己在这凄冷浊世。

可是转而想想，三毛是那样清透聪慧的女子，又怎么会看不清这命运的捉弄与无奈呢。可以相思，却不相恨。

所以，三毛在自己的《梦里花落知多少》这本书中这样写道：

神啊！请你看我，给我勇气，给我信心，给我盼望和爱，给我喜乐，给我坚强忍耐的心——你拿去了荷西，我的生命已再没有意义——自杀是不可以的，那么我要跟你讲价，求你放荷西常常回来，让我们在生死的夹缝里相聚——我的神，荷西是我永生的丈夫，我最懂他，忍耐对他必是太苦，求你用别的方法安慰他，补偿他在人世未尽的爱情——相思有多苦，忍耐有多难，你虽然是神，也请你不要轻看我们的煎熬，我不再向你要解释，只求你给我忍耐的心，静心忍下去，直到我也被你收去的一日……

三毛用近乎卑微的姿态，恳求的语言来表达自己的相思之苦，那样骄傲于世的女子，是爱的怎样之深，思念如何侵入骨血，才会这样用几乎执念的方式希望可以在梦中再见自己的荷西，自己的爱人……

燕子声声里，相思又一年。想你的日子孤单，却也甜蜜；寂寞，却也热闹。我走过了你走的每一条路，看过你欣赏的每一处风景。我便是你，你便是我……

第六年离开了这个世界，走得突然，我们来不及告别。这样也好，因为我们永远不告别。

雪地里我们已经换了心，你的心就是我的，而我的是你的，今日埋下去的是我们。

离别，注定看着他们的身影渐渐变得遥远，而且模糊，在视野的前方一个个影子若隐若现，若有若无。而自己，注定在一个人的世界，只能默默地凝视着这场早就预料的离别。

想要用更多的语言把离别与思念一一描述出来，可是当提笔之时，却发现往昔如电影一样闪现眼前……忘记了曾经流泪的感觉，只是在记忆中翻来覆去，迷失了方向。

于是我们学会了不能抗拒命运，那么就跟从命运，即便一边跟从一边叹息。不能避免现实中的离别，那么就将彼此珍藏在心中。也许，在某一个夜晚，凝视夕阳，也能伫立窗前，回想往事，把彼此记起。

面对荷西的离开，三毛不愿接受，却只能接受，她只能眼睁睁地体会相思成殇，心情随着寂寞漂泊心头，无法遗忘的今生，似瓦檐下滴答的细雨，点滴不停侵蚀入骨，成为驻守相思的心墙。语言随之尘封，激情随之淹没。只因所谓的结局并没有我们期待的那份完美。

封闭的灵魂难以走出心灵的堡垒，只能任由它孤独彷徨，总是在茫茫人海中寻找归宿之所，却发觉怎样都是满含失落，害怕自己记忆中的风景被销毁殆尽，更怕无尽的惆怅将自己笼罩，灵魂应该情归何处呢？

荷西，就像是三毛心中一朵盛开的花，而三毛的思念，让这朵花，常开不败，始终娇艳欲滴，无论是落叶满地的寒秋，还是莹白飘零的寒冬，在她心中，荷西始终是人间四月天中最永恒夺目的风景。

没有荷西的日子，三毛虽然孤寂，却也充实，因为她始终让那份思念陪在身边，不曾远离，就好似荷西依然陪自己看想看的风景，去想去的地方；依然还是会用幽默的话语，逗弄自己一样，一切都似乎不曾改变，但一切明明已经物是人非，好景不再。

墨晕染就的年华里，纵使离别，但相思从未离开，不深不浅，总在心头。痴情难诉，叹息拂不去愁绪，残梦消逝，化作点点相思泪。

无意中经过两个人常常散步的那一条小巷，仿佛曾经的他又回到了身边。时光，是一双温柔的手，轻轻地抚摸过那些往事的碎片。曾经尖锐的棱角，也就跟着变得浑圆而模糊。而想念，是一种长久而缓慢的状态。因为，所想念的那个人，和时光交织着，无时无刻不常伴心中，不是不想忘掉，却终究不知如何放下那份眷顾，那份纠缠。

三毛一直都在找各种理由和方式去忘却。选择一次远行，以为可以把爱情留在异地，以为终于可以忘掉。停下来的时候，他又回来了。无论走多远，他的身影总在她身边徘徊，始终难以走出想念的囹圄。

想念着，是因为还爱着，也无法遥望结束的终点。仿佛一场绝望的放逐，随时光渐渐苍老。

你见，或者不见我，

我都在那里，不悲不喜。

你念，或者不念我，

情就在那里，不来不去。

你爱，或者不爱我，

心就在那里，不增不减。

你跟，或者不跟我，

我的手就在你手里，不舍不弃。

来我的怀里，

或者，让我住进你的心里。

默然，相爱。

寂静，欢喜。

——仓央嘉措《见与不见》

心中存有一份牵挂，就会生出很多相思，纵有千般热情，也甘愿独自凭栏遗忘，看世间的灯火阑珊，一人，眼眸低垂，指尖淡扫，虽孤单，却不寂寞；虽伤悲，但不绝望；虽无助，但自乐。因心灵可以畅想蓝天，自在洒脱；可以憧憬激荡海上，无拘无束，可以设想游遍千山，可以当作你还在身边，偶然的回首微笑，让我失了心神……

这颗饱经风雨的心，虽不似当初那般沉迷，也迷失了曾经的纯粹，更硬生生地布满了些许遗憾，可不变的是，你始终在心头，依然如初，静静吟唱着对你的思念之歌。

三毛："荷西，我永生的丈夫，我守着自己的诺言千山万水地回来了，不要为我悲伤，你看我，不是穿着你生前最爱看的那件锦绣彩衣来见你了吗？"

三毛："离开父母家那么多年了，谁的委屈也受得下，只有荷西，他不能对我凶一句，在他面前，我是不设防的啊！"

三毛："也可能，在天气晴朗，而又心境安稳的时候，我会坐飞机，去那个最后之岛，买一把鲜花，在荷西长眠的地方坐一个静静的黄昏。"

"再也没有什么鬼哭神嚎的事情了，最坏的已经来过了，再也没有什么。我只是偶尔会胃痛，会在一个人吃饭的时候，有些食不下咽。"

三毛："快乐是那么的陌生而遥远，快乐是禁地，生死之后，找不到进去的钥匙。"

三毛："脚下巴塞罗那的一片灯海是夜的千万只眼睛，冷冷地对着我一眨又一朝。今天不回家，永远不回家了。"

很多人都说，荷西死后，三毛的生活变成了一个句点。从此再无波澜。多浓的感情，才会在掌心形成纠缠的曲线；多深的记忆，才会让周围充满了你的气息。三毛与荷西用六年的的时间彼此错过，又用了六年彼此相守，可却用一辈子的时间学会如何面对分离，一辈子不长，却足够完成这场爱情的盛宴。人生，不过百转，仅是一幕欢喜剧，看的人图热闹，演的人为年华，散场之后，冷暖自知。

想起来，难免会觉得悲伤，多少人想要和所爱之人厮守一生，但真正做到的又有多少人呢？到最后大多逃不过劳燕分飞之结果。如果，世人皆以平淡之心看万物，那又何来悲喜，何来伤？何来相遇，何来别？何来哀怨，何来相思？世间万物皆无情，唯有凡人最多情，看不穿的始终都是自己。明知是错，执迷不悔，为难自己，甘之若饴。

第六卷

Chapter · 06

万水千山都走遍

神明所踪

当我到这里那里旅行
着时，路呀，我厌倦你了；
但是现在，当你引导我到
各处去时，我便爱上了你。

对于三毛来说，行走在远方只是一个梦想，也是生命最后的追求，即使无力长久地漂流下去，她还是无法停下脚步，停下追寻生命中青鸟的脚步。也许，她只是将心中无法排解的情绪再一次地寄托在了她所爱的大自然中，而这一路的风景，便纵有很多亲朋在旁默默守护，她也只是一个人的旅行，听到的只有自己灵魂的声音。

一九八一年十一月起，三毛在《联合报》的资助下，从台北启程，经北美，飞抵墨西哥，开始了为期半年多的中南美洲旅行。再次背上背包，走千山，踏万水，只为那一个凝聚着勇气和信仰的梦想。

　　墨西哥是三毛南美之行的第一站，然而这里绚丽的色彩、明媚的阳光甚至人们四溢的热情并没有打动她，相反，她对墨西哥城的印象不太好。忍受不了朋友约根的豪华招待，对参观博物馆、逛街景和金字塔都没有什么好感。阔气而放荡的酒宴，更让她觉得无聊，并将其称为大蜥蜴之夜：

　　这种气氛仍是邪气而美丽的，它像是一只大爬虫，墨西哥特有的大蜥蜴，咄咄地向我们吮吐着腥浓的喘息。

　　唯一使她难忘的，只有"国家人类学博物馆"陈列的"自杀神"。三毛曾经两度自杀，在荷西死后，又起过自杀的念头。她迫切地想知道，"自杀神"到底司什么职位，是特许人去自杀呢，还是接纳自杀的人，或者是鼓励人们去自杀呢？

　　世上无论哪一种宗教都是不允许人自杀的，只有在墨西哥发现了这么一个书上都不提起的小神，我倒觉得这种宗教给了人类最大的尊重和自由，居然还创造出一个如此的神，是非常有趣而别具意义的。

后来三毛又去了一次博物馆，专门研究"自杀神"。

墨西哥大神每一个石刻的脸，看痴了都像魔鬼，它们给人的感应是邪气而又强大的。没有祥和永恒的安宁及盼望。它们是惩罚人的灵，而不是慈祥的神。说实在的，看了心中并不太舒服，对于它们只有惧怕。

爪达路沛大教堂是每个天主教徒向往的"圣地"。据说在一五三一年的时候圣母在那里显现过三次。三毛说："来到墨西哥，如果不去爪达路沛大教堂是一件很可惜的事。"在旅行经过墨西哥爪达路沛大教堂时，她看到一对夫妇在圣母面前一直安静地跪着，求圣母让他们做永恒的夫妻。三毛"一低头，擦掉了眼泪"，心中不由得想到：

但愿圣母你还我失去的那一半，叫我们终生跪在你的面前，直到化成一双石像……

仿佛守护如泡沫般脆弱的梦境，快乐才刚开始，悲伤却早已潜伏而来。她始终无法走出荷西离去的巨大悲伤，尽管她已经很努力地在掩藏，可只要轻轻地一碰，伤口还是会肆无忌惮地暴露在空气中。

她带着这份疼痛一起成长，一起旅行，一起踏遍万水千山，一起旁观这个落寞的人间。看着广场上向圣母祈求的人群，她再也无法压抑心中的悲恸，如果神明真的存在，我又缘何不停地行走、流浪、漂泊，都无法治愈心中那道伤疤？

我，仰望着彩霞满天的苍穹，而苍天不语。

灵魂之依

爱，是如一首歌般的简朴。

你与我间的这段

玻利维亚——南美的西藏，一直以来，都是三毛"神秘的向往"，这里有神秘莫测的女巫一条街、有满是魔鬼的狂欢节、有整个南美洲最好吃的美食、还有骨子里流着印第安之血的善良居民。玻利维亚，在"南美洲的脊背"安第斯山脉以及在高不可攀的印加圣——的的喀喀湖的呵护下，是那么的平和而美丽。就如三毛所说的：

便是只在机场吧，那苍苍茫茫的大草原已呈现了不凡而极静的美。

来到玻利维亚，你会感觉神秘、隐遁、魔幻好像始终环绕在你的周围，让你惊讶，让你欢喜，更让你着迷，也让你怀念。

三毛就曾彻底被玻利维亚的景色所征服：

一望无际的草原在寒冷的空气里迎着朝阳苏醒，远天边冻结着的一排大雪山，便是粉红色的霞光也暖不了它们，那么明净的一片高原，洗净了人世间各样的悲欢情怀。什么叫草原，什么叫真正的高山，是上了安第斯高地之后才得的领悟，如果说大地的风景也能感化一个人的心灵，那么我是得道了的一个。

这时候，三毛的内在是平静而安详的，仿佛感受到了从未有过的宁静。

对于一个旅客来说，一个国家的机场是否豪华其实并不是很重要的，查照的海关人员是不是办事快捷，态度亲不亲切，才是旅客对这个国家最初步的印象。玻利维亚的机场虽然不算太气派，可是无论在哪一方面，他们都给了旅客至诚的欢迎和招待，使人宾至如归。

在拉巴斯城里，三毛对玻利维亚以及拉巴斯的好感更是强烈，而且与日俱增。不管是出租车司机、旅馆服务员、餐厅服务员、公交车车长、当地的老百姓，都是那么忠厚善良。拉巴斯，是"和平"的意思，而这里的人们，对得起这个词的含义。这可能与他们的血液内多少含有印第安人的血液有关系：

这一路来，只要进入了掺杂着印第安人血液的国家，在我的经验中，总多了一份他们待人的忠厚善良。

印第安人有着鲜明的民族性格，淳朴好客、道德高尚、勇敢尚武。而三毛在玻利维亚遇到的人们无不处处体现着这些性格特征：

进城的公车说是没有的，计程车可以与人合并一辆，收费非常合理，一块五美金一个人。司机先生不但热心，同坐的三位玻利维亚人也是极好，他们替我们想出来的旅社，却因价格太低了，令人有些茫然。车子因为找旅馆，绕了好几个弯，结果停在旧区女巫市场斜斜的街道边。一看那地方风味如此浓烈，先就喜欢了，下得旅馆来一看，又是好的，便留住了。付车钱的时候，因为麻烦了司机，心中过意不去，多付了百分之三十的小费。没有多少钱，那位司机先生感激的态度，又一次使人觉得这个国家的淳朴和忠厚。

玻利维亚在一般的传闻中是一个落后的国家，可是我们的公车，是对号的宾士牌大巴士，它不但准时、清洁、豪华，而且服务的态度是那么诚恳——中南美洲数它最好。车站的建设非常现代化，弄不错班车，挤不到人，一般乘客都是本地人，衣着不豪华可是绝对不寒酸，那份教养、那份和气，可能世上再也找不着。车长看见我上不去，伸出手来用力拉我，将我塞安全了，一双手托住我，才叫开车。这份人情，是玻利维亚的象征，每一个人，都是神的子女，他们没有"羞耻"了这个名字。

我眼中所看到的拉巴斯，是一个和平之城。在这儿，街道清洁，公车快速，车厢全新。计程车司机和气，商店有礼，餐馆的服务无论大小贵廉都是亲切。

三毛爱上了这个可爱而亲切的国家，在这里她没有身为异乡人的感觉，反而有种在家一般的感觉，除了自己的国家——中国以外，三毛也向玻利维亚献出了自己深沉的爱与欣赏，即将离开玻利维亚时，三毛心中充满了深深的怅然，因为，她舍不得这个令人感动的国家，舍不得那朵她心中的高原百合，她只希望能够再次回到这个地方，重温一次这个国家的温馨与爱。

　　我们如海鸥之与波涛相遇似的，遇见了，走近了。海鸥飞去，波涛滚滚地流开，我们也分别了。世界在跨蹐之心的琴弦上跑过去，奏出忧郁的乐声……

青鸟不至

雾，像爱情一样，在山峰的心上游戏，生出种种美丽的变幻。有时候，是我们看错了世界，反说它欺骗了我们。

洪都拉斯，一个三毛认为"寂寞而哀愁""贫穷而幽暗"的地方，它是拉美最贫穷的国家之一，"生活的艰难和挣扎，初入洪国的国门便看了个清楚。"洪都拉斯盛产香蕉，也被称为"香蕉之国"，但这并没有为这个国家带来经济上的巨大改变。"洪都拉斯"，在西班牙语里意思是深水之地、深渊，也许是受这影响，三毛在洪都拉斯的整个旅行中，也始终保持着淡淡的寂寞、忧伤、压抑与悲观：

生活在城市中，却又总觉得它是悲伤而气闷的，也许是一切房舍的颜色太浓而街道太脏，总使人喘不过气来似的不舒服。

这个哀愁的国家啊！才进入你十多天，你的忧伤怎么重重地感染到了我？

洪都拉斯就是这样一个有着两种极端但又不相互矛盾的国家，一个满街都是"青鸟"，却没人能找到"青鸟"的国家。

传说中有一种鸟，名为青鸟，遇见它就能得到幸福，可没人知道它的样子，也没有人知道它究竟在哪里？然而仍然有人得到了幸福，也有人终其一生在追寻着它……

在洪都拉斯，三毛与象征着幸福的"青鸟"相遇了：

这儿，一种漆成纯白色加红杠的大巴士，满街地跑着。街上不同颜色和形式的公车，川流不息地在载人，他们的交通出人意料的方便快捷。

特别喜欢那种最美的大巴士，只因它取了一个童话故事中的名字——青鸟。

青鸟在这多少年来，已成了一种幸福的象征，那遥不可及而人人向往的梦啊，却在洪都拉斯的街道上穿梭。

对于三毛来说，与"青鸟"相遇无疑是一种痛苦的快乐，因为即使她置身于这满是"青鸟"的城市之中，她也始终无法去到她想去的那个地方，最终只能在一个黄昏，在寂寞的口琴声中，向这个明明有"青鸟"却只能让人无限怀念的国家作最后的告别。

毕竟，在不同处境下，人们领悟幸福的含义也是不尽相同的，所以，幸福的青鸟从来不会长久地眷顾某一个人，一个时段过去了，就必须要再去追寻新的幸福……

就在这样一个看似失落园的大图画里，那一辆辆叫作青鸟的公车，慢慢地驶过，而幸福，总是在开着，在流过去，广场上的芸芸众生，包括我，是上不了这辆车的。

"不，你要去的是青鸟不到的地方！"长途总车站的人缓缓地回答我。

"什么青鸟？这是个青鸟不到的地方！"

没有看见什么青鸟呢！

曾经的三毛找到过青鸟，至少与荷西共同生活在撒哈拉时，她每天都能看到青鸟，还记得《素人渔夫》里有这么一段：

国家旅馆是西班牙官方办的，餐厅布置得好似阿拉伯的皇宫，很有地方色彩，灯光很柔和，吃饭的人一向不太多，这儿的空气新鲜，没有尘土味，刀叉擦得雪亮，桌布烫得笔挺，若有若无的音乐像溪水似的流泻着。我坐在里面，常常忘了自己是在沙漠，好似又回到了从前的那些好日子里一样。

一会儿，菜来了，美丽的大银盘子里，用碧绿的生菜衬着一大排炸明虾，杯子里是深红色的葡萄酒。

"啊！幸福的青鸟来了！"我看着这个大菜感动得叹息起来。

就是这样一段话，让人看了好几遍，沙漠的生活是非常艰苦的，偶尔能在一个环境幽雅的地方美餐一顿，就让三毛觉得非常幸福，所以，有时候幸福就是这么简单。没有人能够控制自己的人生道路，所以只能抓住自己身边最微小的幸福，让自己随时快乐，这样才能在任何时候都感受到最平凡的幸福，而这时，青鸟就在你的身边。有时候，幸福其实就是一大盘炸明虾。

青鸟是幸福的象征，一切来源于一个美丽的童话故事：

很久很久以前，有一个砍柴人，他有一双儿女——吉琪和美琪，在圣诞节前他们做了一个梦：一位名叫蓓丽吕的仙女，委托他去寻找一只青鸟，给她的重病的小女儿，因为只有这只青鸟才能使她痊愈。仙女还说："我那小儿要等病好了，才会幸福。"于是他们在猫、狗以及各种东西（糖、面包、水、火）的陪伴下进入另一个世界，在光神的指引下寻找这只青鸟。他们走过了回忆之乡、夜之宫、幸福之宫、坟地、未来王国以及光神的庙宇，历尽了千辛万苦，但青鸟每次总是得而复失，最终还是没能找到。他们只好回家，早晨醒来，邻居的太太为她生病中的孩子来索讨圣诞礼物，吉琪只好把自己心爱的鸽子送给她。不料，这时鸽子突然变成青色，成为一只"青鸟"，而邻居的女孩也病好了。

这部童话的主题在书中就已出现："我们给人以幸福，自己才更接近幸福。"而光神指给两兄妹寻找青鸟的路是一条"通过善良、仁爱、慷慨而到达幸福的道路"。这篇童话的作者也说过:"我们每一个人都寻求着自己的幸福,其实幸福并不是这样难得的,如果我们经常怀着无私、良好的意愿,那幸福就近在咫尺之间。"

在中国也有青鸟的说法。传说中,青鸟是伴随在西王母身边的鸟,而诗人李商隐也有一首关于青鸟的诗——《无题》:

相见时难别亦难,东风无力百花残。

春蚕到死丝方尽,蜡炬成灰泪始干。

晓镜但愁云鬓改,夜吟应觉月光寒。

蓬山此去无多路,青鸟殷勤为探看。

在洪都拉斯,某个夜晚,青鸟来到了三毛的梦中,"殷勤为探看",三毛终于如愿见到了那个人:

也是那一晚,做了一个梦,梦中,大巴士——那种叫作青鸟的干净巴士,载了我去了一个棕榈满布的热带海滩,清洁无比的我,在沙上用枯枝画一个人的名字。画着画着，那人从海里升出来了，我狂叫着向海内跑去，他握住了我的双手，真的感到还是湿湿的，不像在梦中。

这寡独的清晨，沐着雾与雨，她在她心的孤寂里，感觉到它的叹息。

梦终究是要醒的，对三毛，只想说，如果所爱的人已经离你而去，请不要气馁，因为只要心中还存在着希望，青鸟一定会再次从你头顶飞过。

虽然这句话已经无人能听，但总归还是说出来好。

夙愿前尘

浪尖之上，星星闪烁，深渊里波浪卷出五彩缤纷的思绪，接着被抛到生命的沙滩上。随波起伏的是生与死，而我不顾，任心灵的飞鸟，高声欢唱，展翅翱翔。我将死了又死，以明白生是无穷无尽的。

厄瓜多尔，南美洲的珍珠之国，它是如此美丽，有着多姿多彩的文化、独特非凡的民族节日、绝美悠然的风景。在这里，你还可以去观赏最高的活火山，去有千年历史的商品市场讨价还价，去印第安人的古老部落寻宝……同时，这里也是三毛前世的起源之地：

眼前的景色，该是梦中来过千百次了，那份眼熟，令人有若回归，乡愁般的心境啊，怎么竟是这儿！

前世的三毛在这块土地上度过了她生如夏花，死如秋叶的短暂一生，而今世的她则千里迢迢来到这里，来到这在梦中极为熟悉的地方，只为了却前世今生的夙愿。

钦博拉索雪山，地球上最厚的地方，她险峻、洁白、温雅、绰约，在蓝天的映衬下显得幽远而美好、深沉而圣洁，但同时又具有一种不可忽略的雄浑之美。钦博拉索雪山虽然不能给人一种"水际轻烟，沙边微雨，荷花芳草垂杨渡"的浪漫感觉，但却让人为之倾倒、为之迷恋。雪峰之顶，湛蓝天空，晶莹四射，闪耀着熠熠的光彩。这种得天独厚的景观是大自然赋予的：既有巍峨耸立的雪山，又有绿草如茵的草原，以及幽深如玉的湖泊。

在三毛的前世，有两个始终如一的朋友，那就是心湖与雪山。它们一直默默地陪在那时的三毛——哈娃身边，那时，哈娃与外祖父住在大雪山与湖水的对面，每天都过着平静而安详的日子：

外祖父和我，很少在夜间点灯，我们喜欢坐在小屋门口的石阶上，看湖水和雪山在寂静平和的黄昏里隐去，我们不说什么多余的话。

直到哈娃死时，她的最后一眼依然是分给了这些让她内心平静的景色：

那是我最后一次看见月光下的雪山、湖水和故乡茫茫的草原。

今世的三毛对钦博拉索雪山也充满了特殊的感情，从她第一眼看到雪山开始，那种熟悉的感觉如潮水般涌来：

车子转了一个弯，大雪山"侵咆拉索"巨兽似的扑面而来。

只因没有防备这座在高原上仍然拔地而起的大山是这么突然出现的，我往后一靠，仍是吃了一惊。

看见山的那一骇，我的灵魂冲了出去，飞过尤加利树梢，飞过田野，飞过草原，绕着这座冷冰积雪的山峰怎么也回不下来。

我定定地望着那座就似扑压在胸前的六千多公尺高的雪山，觉着它的寒冷和熟悉，整个人完全飘浮起来，又要飞出去了。

一时里，今生今世的种种历练，电影般快速地掠过，那些悲欢岁月，那些在世和去世的亲人，想起来竟然完全没有丝毫感觉，好似在看别人的事情一般。

之后三毛又发出了感叹，对死的感叹："大概死，便是这样明净如雪般的清朗和淡漠吧！"既是为了体现哈娃死的时候是平静如水以及纤尘不染的，也淡淡透露出三毛对这样死亡的一种渴望。

伫立在高原的峰线，

静穆在四处的荒凉，

倒映在碧波的湖底。

冰川自由组合的奇迹，

镶嵌着钻石似的光芒，

常引我离魂随你而去。

白昼邀着林木吟想，

暗夜携同星斗调侃，

与明月齐放光。

神圣的雪山，

端庄的面庞，

迷幻的容颜，

睿智的忧伤。

——《雪山》

不管前世还是今生，雪山始终是沉默的，因为见过太多的风霜雨露，经历过太多的万物兴衰，所以雪山没有言语，始终只是默默地注视着一切。与雪山有缘的人，心底一定是柔和而灵动的，有时心静如止水，有时心动如惊涛。上善若水，如水的心必是趋于善的，如哈娃，也像三毛。纯净如雪山，将至灿而无华，雪满山中之时亦是雪满心中之时。此时，满眼里都是雪山，而满心里亦是雪山。

三毛出生于一个虔诚的基督教家庭，受到父母耳濡目染的熏陶及影响，三毛也成为了一名基督教徒。但这并不影响三毛接受佛教思想，而佛教中"色即是空，空即是色，因情悟道，因色悟空"的思想反而更适合感情几度受挫的三毛，所以，玄妙的佛学也更能契合三毛灵魂的需要。

三毛的一生可以说是丰富但又崎岖的，受佛学思想的影响，三毛认为人的一生是"背后往往承接流传着万千因果的"，也就是所谓的"因果报应"。对于来世，三毛没曾多想，只觉得只要不与前世和今生相同即可。所以三毛将心中的念想都放到了前世上面，努力寻找灵魂最深沉的记忆，关于前世相貌的记忆，于是三毛有了一个前生——印第安加纳基族的一位药师的孙女，一个与三毛一样，同样喜爱梳辫子以及相信轮回转世的女孩：

　　每天早晨，我（哈娃）汲完了水，在大石块上洗好了衣服，一定在湖边将自己的长发用骨头梳子理好，编成一条光洁的辫子才回来。

　　村中一户有着大镜子人家的男人，正在给我梳头，长长的红色布条，将辫子缠成驴尾巴似的拖在后面。

　　我们的族人相信永远的生命，也深信转世和轮回，对于自然的死亡，我们安静地接受它。

　　一个加纳基族小女孩与外祖父一起生活在安第斯山脉的高原上，这个女孩的名字叫作哈娃，是"心"的意思，钦博拉索雪山与名为"哈娃哥恰"的湖泊，也就是心湖。在哈娃六岁的时候，她的父母亲带着她的弟弟离开了故乡，被送去为印加帝王修筑由库斯科到基多的石路，从此就杳无音信。

　　哈娃的外祖父是当地的一个药师，专为人们看病，但不收钱。

所以哈娃也被人们称为"药师的孙女"，除了外祖父以外，没有人叫过她"哈娃"这个名字。祖孙两人的生活虽然清贫，但也平静而安详，外祖父经常外出替人看病，而哈娃则在家里开始自学各种草药的知识。在哈娃十二岁时，她在当地已经小有名气。村里的妇女都很疼爱哈娃，经常送各种花头绳和零碎的珠子给哈娃，而哈娃也在采药归来时，经常给她们带香的尤加利叶子和新鲜的野蜂蜜。

随着哈娃的长大，外祖父的身体也越来越弱，有时甚至要用到古柯叶子来为自己维持体力，保证血液的流通。哈娃的外祖父知道自己时日无多了，于是他开始经常往外跑，但却不是去看病，而是经常与族中一个年轻的猎人长坐聊天，那个猎人的父母也是被送去修路了，同样的再也没有任何消息，他和哈娃可以说是同病相怜。

哈娃是认识这个年轻人的，在小时候就见过了，因为两家养的狗掐架的关系而认识的，当时哈娃向外祖父告状时，外祖父只是慈爱而带点神秘地微笑。终于，外祖父在哈娃十五岁那年过世了，而没过多久，那个年轻猎人来找哈娃，他对哈娃说："哈娃，你外祖父要你住到我家去。"

原来，外祖父为了不让自己死后，留下哈娃一个人孤单地生活，于是早已悄悄安排了哈娃的婚姻。那个英俊的年轻猎人成了哈娃的丈夫，他是这个世界上除了外祖父以外另一个叫出哈娃名字的人。两人过得很幸福，而哈娃的丈夫对哈娃也是极为疼爱，可以说是爱她如命，这使得他成为了哈娃心底惦记的人。而哈娃已经继承了外祖父的职位，成为了村里新的药师。

这时的哈娃，正在等待另一个生命的降生，一个她与丈夫的孩子，虽然生产很危险，村里很多女人就是这么死去的。但是哈娃并不害怕，因为丈夫答应过她，在小孩来的时候一定陪伴在她身边。而哈娃的丈夫也没有失言，产期临近时，他一刻不停地守在哈娃身边，自然也就不去打猎了，但是为了妻子的营养，他每天都到心湖里去偷偷地抓鱼，这在当时是不允许的，因此被发现的时候，族人们都说他们俩一定会遭到报应。

最终，报应果然来了，哈娃因难产而死，与她未出生的孩子一起……那年哈娃十九岁，而哈娃的丈夫在她死后仍抱着她的身体，直到已成冰冷，还不肯放下。

哈娃死去之后，转世成了一个叫作三毛的女人，于是三毛在这一世开始了她的滚滚红尘之旅。那么下一世，三毛会转世成为谁呢？

大概死，便是这样明净如雪般的清朗和冷漠吧！但愿永不回到世界上去，旅程便在银湖之滨作个了断，那个叫作三毛的人，从此消失吧！

因着对生命的热爱，对自然万物的热爱，三毛一直在流浪、在漂泊。她一直在寻找，寻找一个真切的自我。那么质朴，那么善良。

有些地方只能路过，不能停留，只因它太过美好："我爱的族人和银湖，那片青草连天的乐园，一生只能进来一次，然后永远等待来世，今生是不再回来了。"

这一世，三毛与哈娃在心湖之滨作了了断，那么下一世，又会有谁与三毛在哪里作出了断呢？

时光迷梦

河流唱着歌很快地游去，冲破所有的堤防。但是山峰却留在那里，忆念着，满怀依依之情。

关于秘鲁，实在是有太多太多的东西，玛雅文化、黄金帝国、印加遗迹……这里有太多的惊喜：位于群山之中的马丘比丘遗迹，世界最大的泥砖城市昌昌，比印加帝国更早的奇穆文化，有"美洲的图坦卡门王陵"之称的西潘王墓，神秘莫测的那斯卡线条。每一样都能让人惊叹不已，秘鲁，当真是一个受到神眷顾的地方，世界最深的峡谷、最高的湖以及最富饶的海已经被它尽收麾下。这是一个神秘的古王国，裹着层层的面纱，等待人们来了解、探究。

古斯各的人，在对人处事上，总带着一份说不出的谦卑和气，这种情形在厄瓜多尔也是一样的。只因他们全是安第斯山脉的子孙。

　　白云蓝天，草木绿荫。巍峨而壮丽的古建筑虽然饱经沧桑，但依稀可见昔日辉煌。库斯科城没有过于高大的建筑，大多数是具有典型西班牙或印加风格的马蹄形拱廊建筑，典雅而又娟秀；由石块铺就的街道，古朴而美观。

　　库斯科曾遭受过多次被毁又被重建的命运，所幸，虽几经风雨，但城中仍保留了大量的印加帝国时代的街道、宫殿、庙宇和房屋等历史遗迹。几世纪以来，西班牙人在巨大的印加建筑物基础上面兴建了大批的建筑，他们修建了华丽的宫殿、庄严的大教堂还有清幽的修道院。从此，库斯科开始以自己独特的建筑、造型艺术、绘画在南美著称。这也使得库斯科的建筑既有印加帝国的痕迹，又有了西班牙的风格。三毛也是认同这点的：

　　下机时天空是晴朗的，海拔三千五百公尺的古城，在一片草原围绕的山丘上气派非凡。印加的石基叠建着西班牙殖民时代的大建筑，两种文化的交杂，竟也产生了另一种形式的美。

　　如果说白天库斯科能让人体会到历史的深沉与凝重，那么夜晚的库斯科则变成了一个风情万种的曼妙佳人。

　　她既清纯又沧桑，仿佛不知尘世的喧嚣，但却又看惯了人间的变幻；她携着甜美微笑，缓缓向人们走来，又带着无尽的忧伤逐渐在黑暗中隐去。她是一段历史的记录、一个难舍的情结，抑或是一个时光的迷梦。历史与现实在这里融合而凝固成了一个奇妙的整体，行走在夜色中库斯科狭长而凸凹不平的石路上，看着人们倚在自家门口随意地拉着家常，手捧一杯苦柯茶；随手推开路边一扇古旧的木门，也许有一段小咖啡馆的美丽邂逅正等待着你；踏入一座昔日西班牙贵族的大宅，看着从窗口中流淌出来的奶白色灯光，耳边适时地飘荡过一缕排箫的乐曲……

　　夕阳西下，余晖中，库斯科显得更加的古朴端庄。站在城中的最高点极目远眺，任思绪自由地飞翔，恍惚之间，我仿佛回到了那遥远的年代，见证了印加文明的辉煌与灿烂。

　　马丘比丘不是石头城，它是用人，用人的激情，用人的梦想，用人的血汗筑成。

　　　　　　　　　　　　　　——秘鲁诗人阿尔维托·伊达尔戈

马丘比丘被浪漫地称为"失落之城",是印加人智慧与艺术的最大见证。由于丰沛的降雨,马丘比丘终年笼罩在一片润泽朦胧的水汽之中,这也造就了马丘比丘的奇丽一景——雾,这是马丘比丘无处不在的精灵。薄薄云雾降于群山之间,为马丘比丘披上了一件旖旎的纱衣。不经意间,更有或浓或淡的雾气从马丘比丘的各个角落逐渐升腾而起,飘逸、婀娜、慵懒地弥散开来。这些雾气宛如神灵的幻影,又仿佛是仙家的裙袂,在马丘比丘缱绻徘徊,也为这座矗立在高山之巅的古城更增加了几分欲临空而飞的气势。

在马丘比丘,任何华丽的赞美之言都会在绮丽而神秘的自然造化面前显得平淡苍白,也许,关于马丘比丘的一切将会永远保存在古老的石墙上、狭窄的古道间、庄严的神殿内以及每个来到马丘比丘的人心中。

那一片迷城啊,在走出了卖票的地方,便呈现在山顶一片烟雨朦胧的平原上。

书本中、画片上看了几百回的石墙断垣,一旦亲身面对着它,还是有些说不出的激动。

曾经是我心中梦想过千万遍的一片神秘高原，真的在云雨中进入它时，一份沧桑之感却上心头，拂也拂不开。

我滑下石砌的矮墙，走到当年此地居民开垦出来的梯田中去，那些田，而今成了一片芳草，湿湿地粘住了裤管。

快速地跑在游客前面，到尚没有被喧哗污染的石墙和没有屋顶的一间间小房子内绕了一圈。

整个废墟被碧绿的草坪包围着，那份绿色的寂寞，没有其他的颜色能够取代。

值得一提的是，在马丘比丘，三毛遇到了安妮：一个一样安静，一样不快乐的女孩，她的心绪能够被人看出，而三毛的伤痕她也尽收眼底。她说她们一定有过前生的，要不不会如此契合，不会如此心灵相通。她在给三毛的信中说：

Echo：

你我从来只爱说灵魂及另一个空间的话题，却不肯提一句彼此个人的身世和遭遇。除了这十天的相处之外，我们之间一无所知，是一场空白。我们都是有过极大创伤的人，只是你的，已经溶化到与它共生共存，而我的伤痕，却是在慢慢习惯，因为它毕竟还是新的。也许你以为，只有我的悲愁被你看了出来，而你的一份，并没有人知晓，这实在是错了。广场上的一场索诺奇，被你认了出来，这是你的善心，也是我们注定的缘分。彼此的故事，因为过分守礼，不愿别人平白分担，却都又不肯说了。虽然我连你的姓都忘了问，但是对于我们这种坚信永生的人，前几世必然已经认识过，而以后再来的生命，相逢与否，便不可知了。我走了，不留地址给你。我的黑眼珠的好朋友，要是在下一度的生命力，再看见一对这样的眼睛，我必知道那是你——永远的你。

彼此祝福，快乐些吧！

安妮

安妮仿佛是三毛在秘鲁遇到的另一个自己，那么轻易地就看透对方，然后喜欢上对方，无条件地关心着对方。三毛说，世上的欢乐幸福，总结起来只有几种，而千行的眼泪却有千种不同的疼痛，那打不开的泪结，只有交给时间。我不问别人的故事，除非她自己愿意。

不能抗拒命运，那么就跟从命运，即便一边跟从一边叹息。不能避免现实中的离别，那么就将彼此珍藏在心中。也许，在某一个傍晚，夕阳西下，也能伫立窗前，沉思往事，把彼此记起。

这是一片用音乐和大自然秀丽景色装点的和谐和富有艺术的国土。

——古巴诗人何塞·马蒂

在三毛的秘鲁之行中，大部分时间都在等待中度过，因为去马丘比丘的机会不是随时都有的，所以需要等待，对于马丘比丘，三毛有种近乎顽固的执着：

我们还在古斯各，等待着去马丘比丘的火车。不看见那个地方是不肯离开秘鲁的。

不过，这种漫无目的、不知何时到头的等待的确容易让人徒生压力。

无尽的等待，成了日常生活中的煎熬，就如那永不停歇的雨水，慢慢在身体里面聚成了一份全新而缓慢加重的压力。旅程在这古老的城市中暂时中断了。

直到在机缘巧合之下，三毛看了一场印第安民族音乐舞蹈，这才为她苍白的等待生活抹上了一笔重彩。灯灭，夜戏开始：

便在那个时候，布幔缓缓地拉开来。

舞台的地竟是光滑的木板，正正式式的场地，在这样的老城里，实在难得了。

四个乐师坐在舞台后方凹进去的一块地方，抱着不同的乐器，其中那位销票的中年人，也在里面。

他们的服装，换了蹦裘外衣和本地人的白长裤，下面是有风味的凉鞋，只有匆忙赶回来的那人的长裤没有换。

那时，其中一个大男孩子站出来报幕，问候欢迎观众在先，介绍乐师在后，有板有眼。

印第安人的音乐一般都为庆功、祭祀以及部族节日吟唱，不过，除此之外，还有各种不同的乐器。比如印第安的切诺基族，他们的笛以及鼓，声音有时欢快而激昂，有时高亢而幽远，显然已经成为了世界音乐的一部分。

印第安歌曲的创作以及传播过程经常被"神化"，因为许多部落的印第安歌手们都确信他们的创作灵感来自梦境，来自神的启示，甚至有些地区的印第安人确信这是唯一的创作手法，他们认为：音乐创作的灵感一定是来自大自然的某种启迪，有时当一个人骑着马在一片空旷无边的草原上漫游时，看着星空，会突然想到一首全新的歌，就这样，一首新歌的创作完成。

印第安人有时很古板，他们认为在白天得到的歌就只能在白天演唱，同样的，在黑夜里演唱的歌通常大部分是在梦中学会的。在这种情况下，印第安的音乐往往被赋予一种超自然的力量或者是神力。

音乐成为了人类与神灵之间的"媒介"，神灵通过教唱歌曲将旨意传达给本族的印第安人，人类则通过唱歌表达自己对神的敬仰，并且向神诉说自己的需求。

那个身体宽矮的印第安人，慢慢地走上了舞台，神情很安详，手中那支已经吹抚了千万次的芦笛，又被粗糙短胖的手指轻轻擦过。

灯光只照到他一个人，他的双手，缓缓地举了起来。

演奏的人，闭上了眼睛，将自己化为笛，化为曲，化为最初的世界，在那里面，一个神秘的音乐灵魂，低沉缓慢地狂流而出。

刚才的民族舞蹈和演奏再不存在，全室的饱满，是那支音色惊人浑厚的笛，交付出来的生命。

一只简单的笛子，表露了全部的情感和才华，这场演奏，是个人一生知音未得的尽情倾诉，而他竟将这份情怀，交给了一个广场上的陌生人。

奏啊奏啊，那个悲苦潦倒的印第安人全身奏出了光华，这时的他，在台上，是一个真正的君王。

我凝视着这个伟大的灵魂，不能瞬眼地将他看进永恒。

不死的凤凰，你怎么藏在这儿?

旁人的身影渐渐变得遥远，而且模糊，在视野的前方一个个影子若隐若现，若有若无。而自己，注定一个人的世界，只能默默地注视着别人离别。注视着别人眼泪滑落却无能为力，此刻的眼泪只是感情的瞬间发泄，然后干涸，消融在空中。似乎真的到了该说再见的时候了，向这段充满欢笑，充满浪漫，充满豪情壮志，也充满酸涩与淡淡忧郁的时代。

那只魔笛不知什么时候停止了，整个大厅仍然在它的笼罩下不能醒来。没有掌声，不能有掌声，雨中一场因缘，对方交付出的是一次完整的生命，我，没有法子回报。

舞台上的人不见了，我仍无法动弹。

灯熄了，我没有走。

后台的边门轻轻拉开。

那袭旧衣和一只公事包悄悄地又露了出来。

彼此没有再打招呼，他走了，空空洞洞的足音在长长的走廊里渐行渐远。

沉默把一切都变得深刻无比。

不管是为了梦想的执着，还是命运的可悲。

一九八二年五月，三毛结束了她漫长的、神奇多姿的南美洲之旅，回到了台湾。这是三毛一生中为期最长的一次国际旅行。

五月七日，在"国父纪念馆"，由《联合报》副刊主编痖弦主持，为三毛举行了专题演讲会。听众们把纪念馆围得水泄不通，人山人海，盛况空前。

三毛有声有色地述说着她长长的旅行故事。她还穿上了印第安人的服装，进行简单的表演，仿佛做回了前世的哈娃。

我与你一同饮下这心湖之水，约定再会亦不忘却往生。

第七卷　Chapter · 07

莲花开落西北情

荒原落花

风，在这个无声的城市里流浪。夜是如此的荒凉，我好似正被刀片轻轻割着，一刀一刀带些微疼地划过心头，我知道这开始了另一种爱情——对于大西北的土地，这片没有花朵的荒原。

失去了荷西的三毛，将自己安放在未知的国度，好多时日过起了背井离乡的生活。有人说，流浪是夜色中的一次受难。在呼啸而过的青春年月里，人们用过多的眼泪去祭奠每次离别，回忆跟追悔滥觞于不断错过，像车窗外的风景，一闪即逝，一去不返。三毛则不然，她可以一个人去流浪，一个人去欢笑，一个人去追逐，一个人去跌跌撞撞。

有的人繁华一世却无处安身，有的人劳碌一生却无功而返，有的人聚了散，散了聚，当然也有人欢天喜地。而这一世的欢笑，需要经历多少风霜才能笑得坦然，笑得洒脱？三毛的屡次出游，是否也为寻找繁华过后的淡然？

一九八一年，三毛到中南美洲旅行了半年，然而丧失爱人的痛楚，仍令她无法自拔。

一九九〇年四月，三毛第二次回到大陆。这次旅行，原计划要到中国西部。临行前，三毛受到林青霞与秦汉的邀请，商议剧本的写作。深夜回到家中，有些醉意的三毛上楼时摔了一跤，不幸摔断了肋骨，住进了医院。不能远游的三毛，接下了《滚滚红尘》的编剧任务。

当写好《滚滚红尘》的剧本，剧组已开往东北拍摄。等不及伤口痊愈，三毛也整装出发了。这一趟她沿着丝绸之路，一路西行。

三毛去过欧洲，去过撒哈拉，去过南美，但最使她神往的地方，却是深处大漠的敦煌。

敦煌，南枕祁连，襟带西域，前有阳关，后有玉门，犹如一颗镶嵌在丝绸之路上的璀璨明珠。有人曾说过："敦，大地之意；煌，繁盛也。"祁连山雪水滋润着这颗明珠，千年不衰。在《夜半逾城——敦煌记》中，三毛忘情地写道：

在接近零度的空气里，生命又开始了它的悸动，灵魂苏醒的滋味，接近喜极而泣，又想尖叫起来。很多年了，自从离开了撒哈拉沙漠之后，不再感觉自己是一个大地的孩子，苍天的子民。

敦煌是一个伟大的存在，一个简单的地名，却包含着一千年的光荣与梦想，她的深远浩瀚，积淀着一个民族的灿烂与不朽。这几千年的文化矿藏，令世界上最博学的学者叹为观止。

丝绸之路，商旅、驼铃、烽烟、边关、胡马、羌笛……这一切都是为敦煌准备的，就像少女为爱情所准备的容装。假如没有敦煌，这条丝绸之路就找不到家，缥缈不知去向。正是因为敦煌，丝绸之路数千年不死，活在文化的血液长河中。她让一段段历史存活下来，美丽而神圣。

在众多文化山巅之间，敦煌最迷人也最耀眼。她的脸上一半是阳光，一半是阴影，这正如白天与黑夜拥抱着敦煌的明与暗，世界的东、西都悄悄钻进敦煌的怀抱之中。她是博大而开放的，她的博大、开放，注定了她的强盛。

在敦煌这个巨大的背景下，生命纯粹得清澈明亮。茫茫沙海，白骨为标，取经的人把性命拴在裤腰上。佛教传入中原，飞天开始散花。而一条丝绸之路，飘扬着文明之旗，最终把博大无边的精神、思想运载到东方的心灵里，运载到炎黄子孙的血液里。

敦煌是一个可以打开历史层层秘室的钥匙，高高悬挂在人们的头顶。所有失散的文化瑰宝，都在一个民族伤痕累累的记忆中碎落无声。敦煌，已经不是一个故乡，而是远方。令三毛怀想半生的远方。

去远方，像张爱玲一样，远离这世俗的纷争。追寻一种自我放逐、自我埋没式的寂寞，在寂寞中品味寂寞，因为寂寞有一种悲壮和苍凉。去远方，义无反顾地踏上征途，谁都是自己心中的英雄。前途可能坎坷不堪，但只有走过之后才知道到底行不行。

大西北苍苍茫茫，天高地厚，唤起了三毛往昔在撒哈拉大沙漠时的情感，也只有在这里，她才能重温撒哈拉的故事。

一股浓浓的乡思涌上心头，她把所有东西都丢在了车子的座位上，仿佛听见了生命的呼唤，不由自主地向没有一丝绿意的荒原狂奔过去。荒凉的一望无际的西北高原上，吹着坦荡荡的雄风，裹着三毛那略显单薄的身体……她一阵惊喜，仰头望天，天地宽广，热情地接纳着她，风吹掉了她心中所有的捆绑。

去往敦煌的路上，她并不在意车子经过了哪里又到了哪里。但有一个地方最让她惦记，甚至一夜都"没有合过眼"。三毛写道：

只是在兰州飘雪的深夜里看到黄河的时候，心里喊了她一声"母亲"。

对大西北粗犷、裸露的土地，对这片没有花朵的莽莽荒原，爱在三毛的心中流淌。

飞天怀想

那一路，我对自己说，这又是一次再生的灵魂了。不必等待那肉身的消亡。那第九个愿其实我已看到了半段，伟文恰好上来将我阻住，那么就在今生自自然然去实践前面的几个发愿心也是好的。

有时候，人们很想回到过去，触摸那已经遥远的生命痕迹，聆听那西元前鸣沙山断崖上的叮当声响。然而，当我们一页一页翻阅着古老的往事时，又忍不住热泪盈眶、心灵颤抖。深藏在敦煌的莫高窟，就是这样的一个地方。在很多人的追忆中，它是那么朦胧、那么神秘、那么遥不可及。

来到敦煌的三毛，在朋友的帮助下，有幸在莫高窟的一个洞穴里，自己一个人静静地待上一会儿，去膜拜那些斑驳的痕迹，完成她多年的夙愿。

敦煌莫高窟是中国第一大石窟，俗称千佛洞，举目望去，层层排列着数百个洞窟，千门万户，鳞次栉比，像无数蜂房错落镶嵌。虽然周围都是一望无际的戈壁荒漠，但是进入了莫高窟却是绿树成荫，一条泉河蜿蜒穿过，鸣唱着汩汩欢歌。在茫茫的戈壁中，竟会奇迹般出现这么一片美丽可爱的绿洲，这令许多到此游历的人叹为观止。三毛同样也感到震撼。

在敦煌莫高窟四百九十二个洞窟中，几乎窟窟画有飞天。敦煌飞天是敦煌莫高窟的名片，是敦煌艺术的标志。只要看到优美的飞天，驻足在她的面前，看着那些奔流的色彩，每个人都会用尽自己的感情写下一段动人的故事。那些来自世界各地的客人，无不被她那磅礴、庄严的宗教气势所折服。

在《夜半逾城——敦煌记》中，三毛真真切切地写道：

我打开了手电筒，昏黄的光圈下，出现了环绕七佛的飞天、舞乐、天龙八部、携带眷属。我看到画中灯火辉煌、歌舞翩跹、繁华升平、管弦丝竹、宝池荡漾——壁画开始流转起来，视线里出现了另一组好比幻灯片打在墙上的交叠画面——一个穿着绿色学生制服的女孩正坐床沿自杀，她左腕和睡袍上的鲜血叠到壁画上的人身上去——那个少女一直长大一直长大并没有死。她的一生电影一般在墙上流过，紧紧交缠在画中那个繁花似锦的世界中，最后它们流到我身上来，满布了我白色的外套。

我吓得熄了光。

"我没有病。"我对自己说，"心理学的书上讲过：人，碰到极大冲击的时候，很自然地会把自己的一生，从头算起——在这世界上，当我面对这巨大而神秘——属于我的生命密码时，这种强烈反应是自然的。"

我仆伏在弥勒菩萨巨大的塑像前，对菩萨说："敦煌百姓在古老的传说和信仰里认为，只有住在兜率天宫里的你——下生人间，天下才能太平。是不是？"

我仰望菩萨的面容，用不着手电筒了，菩萨脸上大放光明，眼神无比慈爱，我感应到菩萨将左手移到我的头上来轻轻抚过。

菩萨微笑，问："你哭什么？"

我说："苦海无边。"

菩萨又说："你悟了吗？"

我不能回答，一时间热泪狂流出来。

我在弥勒菩萨的脚下哀哀痛苦不肯起身。

又听见说："不肯走，就来吧！"

我说："好。"

这时候，心里的尘埃被冲洗得干干净净，我跪在光光亮亮的洞里，再没有了激动的情绪。多久的时间过去了，我不知道。

三毛就是这么感性的一个人。在这样伟大的遗迹面前，谁都会发出无限赞叹。余秋雨曾经说过："在别的地方，你可以蹲下身来细细玩索一块碎石、一条土埂，在这儿完全不行，你也被裹卷着，身不由主，踉踉跄跄，直到被历史的洪流消融。在这儿，一个人的感官很不够用，那干脆就丢弃自己，让无数双艺术巨手把你碎成轻尘。"

在灿烂的阳光照射下，莫高窟背倚苍凉的鸣沙山，高大的白杨树掩映着她，在世人面前，她绽露出了一抹神秘的微笑。静悄悄流过的长长岁月，让太厚重的淳朴开放成灿烂的花香。假如把莫高窟经历过的风雨比喻成一道万世经传的长诗，那么它的第一句一定是"令人落泪的苦难"……

　　莫高窟经过近千年的不断开凿，已经成为了集各时期建筑、石刻、壁画、彩塑艺术为一体的圣地。这些壁画彩塑的技艺精湛无双，被公认为是"人类文明的曙光"，而莫高窟也成为了世界上规模最庞大、内容最丰富、历史最悠久的佛教艺术宝库。难怪当有人问三毛，怎样看待莫高窟和兵马俑的时候，三毛会有此感慨：

　　古迹属于主观的喜爱，不必比较。严格来说，我认为，那是帝王的兵马俑，这是民间的莫高窟。前者是个人欲望的完成，后者满含着人类对于苍天谦卑的祈福、许愿和感恩，敦煌莫高窟连绵兴建了接近一千年，自从前秦符坚建元二年，也就是公元三六六年开始……

　　现在的敦煌莫高窟，有很多来此临摹壁画的画家，他们长年生活在这里，将他们对敦煌的崇敬和热爱挥洒在这里。三毛在敦煌之行的途中，认识了一位在莫高窟工作的旅伴，就是那位叫"伟文"的年轻人，长年在莫高窟临摹壁画。

　　三毛觉得他不仅是自己的热情读者，与她还有一种说不清的缘。

也正因为有了他的陪伴，三毛的敦煌之行才变得多姿多彩。在旅行的空余时间，他们特别喜欢漫步在敦煌人影稀少的大街小巷，三毛在《夜半逾城——敦煌记》中曾描绘过这个场景：

无星无月的夜晚，凛冽的风，吹刮着一排排没有叶子的白杨树，街上空空荡荡，偶尔几辆脚踏车静悄悄滑过身边、行人匆匆赶路、商店敞开着、没有顾客，广场中心一座"飞天"雕像好似正要破空而去。

我大步在街道上行走，走到后来忍不住跑到街道中间去试走了一段——没有来车，整条长长的路，属于我一个人。我觉得很不习惯，又自动回到人行道上来。另一个旅者，背着他的背包，戴着口罩与我擦肩而过……

当初，乐尊受佛的旨意，立志修建窟洞。几经岁月，几经轮转，终于由历史的层累性，造就了莫高窟。佛在那个时代，崇高到了极点，而莫高窟也曾一度神圣、辉煌过，这由神话而起源的奇迹，已经成了历史的荣耀。书籍和图片记录了曾经的辉煌，而今的莫高窟却只有残破的古文化，她正于苦难后向世人露出宽容的微笑……

虽然有些艳丽的颜色、飞动的线条已不复存在，但是置身其中，人们依然能感受到西北画师对理想天国热烈而动情的描绘，依然能感受到他们在大漠荒原上纵骑狂奔的不竭激情！也许正是这份激昂，让它成为了三毛最向往的地方，难怪三毛说：

要是有那么一天，我活着不能回来，灰也是要回来的。伟文，记住了，这也是我埋骨的地方，到时候你得帮帮忙。

终于，在三毛和朋友约定后的一年，她再次"回"到了敦煌，就在她自己选好的那一处沙梁上，垒起了小小的衣冠冢，永远落在了这片没有花朵的荒原……

高山流水

鸣沙山可以重温到撒哈拉的故事，月牙湖可以浸润温柔的夜，喜欢音乐和绘画正好宜于在莫高窟。谁的一生活得如此美丽，死后又能选中这般地方浪漫？

人生如梦，岁月如歌。一年又一年的风风雨雨，几许微笑，几丝忧伤，随着时间小河，许多人和事都付水东流。但有一种人，你与他的交往，会随着时间的推移，如陈年酒香，沁入心脾。大西北对三毛的另一个馈赠，就是这样的一个人——贾平凹。

三毛、贾平凹——写入二十世纪末中国文化记忆的两个名字，他们有着共同的西部情结。三毛和贾平凹都是文学奇才，一个是海峡彼岸流浪世界的文学侠女，一个是固守八百里秦川、扎根三秦大地的文坛鬼才。他们彼此欣赏、爱慕对方的才华，却从没相见，留下了一种相识未相逢的遗憾。

去新疆的路上，三毛曾在西安短暂停留过。她站在广场上发呆，心中有一种巨大的茫然，抽了几支烟，看着烟慢慢散去，尔后走了，若有所失地走了。

知己可以让你拥有，但不能占有，更不能驾驭。他可以飘然而至，又可以潇洒而去。他来时，你欣喜若狂；他走时，你心旷神怡。不要奢望他常伴你左右，他的灵魂自然与你形影不离。在你沉醉时，他当头棒喝；在你迷茫时，他指点迷津；在你得意时，他褒贬相宜；在你需要时，他授人以渔……

在敦煌，三毛可以感受到同撒哈拉一样的广阔。在这里，天是空旷的高，地是无穷的广。沿途的骆驼草，犹如浮在黄色海洋中的几点绿色浪花，随风摇曳，漂泊不定，富有生命的乐感。这种感怀，让三毛能够理解西北汉子的粗犷与柔情。

三毛与贾平凹是未曾谋面的神交知己。一九九一年一月一日，三毛给贾平凹写了一封信。信中说，她读过他的两本著作——《天狗》与《浮躁》，反反复复地看了有二十遍以上；在当代中国作家中，她对他的文笔最有感应，看到后来，看成了某种孤寂。这封信成了三毛的遗笔，还没寄到贾平凹的手上，她就离开了人世。

噩耗传来，贾平凹悲痛不已，写下了《哭三毛》；收到来信，人去墨在，他又写下《再哭三毛》。三毛不是美女，是一个高挑着身子、披着长发、携了书和笔漫游世界的形象，年轻、坚强而又孤独的三毛对于大陆年轻人而言，其魅力无法抗拒。

贾平凹把笔放下来，独自一人静静地坐着。不，屋里不是他独坐，还有三毛，虽然她在冥中，虽然一切无声，但他们在谈着话，在交流着文学，交流着灵魂。

灵魂太过独立的人，往往很孤独，因为无所依靠。每个人的灵魂都有一个缺口，所以我们不断地寻找。人生本就是个寻找的过程。三毛是孤独的，贾平凹亦是孤独的，他们的孤独是天才的孤独，在一个人的世界里看着外面的雪花飘舞。

河西走廊的敦煌，是沙的世界，是石的海洋。在这片神奇的土地上，最引人陶醉的便是鸣沙山。一色的黄，一直黄到天边，漫过时空的堤岸，淹没了她的视野、感观和思想，覆盖了她的过去、现在和未来。这就是三毛的衣冠冢所在地——鸣沙山。在她游历了大半个地球之后，终于决定，将自己的一半埋葬在这里。

鸣沙山是个浪漫的地方。它很纯粹，全身上下，找不到一丝杂色、一点杂物，只有银屑般的沙粒；它很清净，素面朝天，穿着一袭纯白色的套装，没有绿树，没有青草，更没有鲜花，面对着蓝蓝的天空，显示出一种别样的美；它很温柔，浑身上下没有僵硬的线条，没有突出的棱角，踩在它柔软的沙身上，松松的，软软的，热热的。

二〇〇〇年，贾平凹从西安出发到新疆，经过鸣沙山，他知道那儿有三毛的衣冠冢。衣冠冢上没有做任何标志，这也符合她的性格，但贾平凹感觉她就在某个地方。他在《埋葬三毛的灵魂》中写道：

鸣沙山，三毛真会为她选地方。那里我是去过的。多么神奇的山，全然净沙堆成，千人万人旅游登临。白天里山是矮小了，夜里四面的风又将山吹高吹大。那沙的流动呈一层薄雾，美丽如佛的灵光，且五音齐鸣，仙乐动听。更是那山的脚下，有清澄幽静的月牙湖，没源头，也没水口，千万年来日不能晒干，风也吹不走，相传在那里出过天马。鸣沙山，月牙湖，连同莫高窟，构成了艺术最奇妙的风光。三毛要把自己的一半永远安住在那里，她懂得美，懂得佛。

……她是中国的作家，她的作品激动过海峡两岸无数的读者，她终于将自己的魂灵一半留在有日月潭的台北，一半遗给有月牙湖的西北。月亮从东到西，从西到东，清纯之光照着一个美丽的灵魂。美丽的灵魂使从东到西、从西到东的读者永远记着了一个叫三毛的作家。

三毛走了，贾平凹把所有的书信付之一炬，以这种方式默默地交流着，颇似钟子期摔琴谢知音。隔山看山，更有神秘感，空灵缥缈而又寓意深远。

贾平凹是幸运的。一个人也许能有很多朋友，却一定不会有很多真正的知己。知己是能够在心灵上相通，能够相互了解、相互敬慕、相互体谅的人。人生难得一知己，千古知音最难觅。

三毛跟每个女子一样，骨子里有一个情结：想拥有一个蓝颜知己。他不是丈夫，不是情人，而是居住在你精神领域的那个人。他成熟、睿智、善解人意，他有男子汉的宽怀气度，也有男子汉的柔肠侠骨。你和他交流心情，畅谈理想，探讨人生，但不需要面对面地相濡以沫。你总是没完没了地倾诉，他总是随时随地地倾听。

忘年初见

万里迢迢，为了去认识你，这份情，不是偶然，是天命。无法抗拒的。我不要称呼你老师，我们是一种没有年龄的人，一般世俗的观念，拘束不了你，也拘束不了我。

曾经以为早已心如止水，不会再为谁而动，可是不曾想，却遇到了他。他比三毛大三十岁。两人的初次相见，三毛就产生了一种不可名状的温柔。

一九九〇年四月十六日，这一天的乌鲁木齐，呼啸的寒风让每一条街道都冷冷清清。王洛宾独自一人吃过午饭，正准备在开着暖气的屋里打个盹儿，这时忽然响起了轻轻的叩门声。门外是一位陌生的女士，青丝披肩，穿一件黑红格子毛呢外套，闪着亮晶晶的双眸——她就是三毛，以这样出其不意的方式，走到了西部歌王——王洛宾的面前。

就是这样，在不经意间，三毛进入到王洛宾的世界，打乱了他的心湖。而王洛宾，也早在二人相见之前，进驻了三毛的心房。

王洛宾早年本来计划着去法国巴黎留学，一个偶然的机缘却让他永远留在了大西部这片热土上，中国西部成了拨动他生命琴弦、改变人生轨迹的地方。在这里，他认识了千户长的女儿——美丽多情的卓玛。卓玛是一个藏族姑娘，像山野里的鲜花，两只乌溜溜的大眼睛，衬着粗粗的辫子，金丝镶边的彩色藏裙包裹着她健美的身躯。

有一天，两人一起参加"姑娘追"赛马，相约如果男的被追上就要重重被姑娘抽一鞭子。在比赛中卓玛追上了王洛宾，但她不想重鞭打她的心上人，只是象征性地轻轻打了一下……

王洛宾徘徊在卓玛父亲的帐房外，毡窗落了下来，将那千户长的女儿和这位汉族音乐家分隔在两个世界里，只留下了许多忧伤。

他以"浪漫"对坎坷，潇洒走过漫漫人生路，倾注毕生的精力，收集、整理、改编、创作了千余首脍炙人口的西部名歌。《在那遥远的地方》《达坂城的姑娘》《掀起你的盖头来》等一首首抒情浪漫的歌曲，不论是在中国的西部还是东部，人们都耳熟能详。

在那遥远的地方

有位好姑娘

人们走过了她的帐房

都要回头留恋地张望

她那粉红的笑脸

好像红太阳

她那美丽动人的眼睛

好像晚上明媚的月亮

我愿抛弃了财产

跟她去放羊

每天看着她动人的眼睛

和那美丽金边的衣裳

我愿做一只小羊

跟她去放羊

我愿她拿着细细的皮鞭

不断轻轻打在我身上

三毛从小就特别喜欢唱《在那遥远的地方》和《达坂城的姑娘》，她还把这些饱含中国特色的民歌带到了西班牙，带到了撒哈拉。但是这么多年来，她一直不知道是谁作出了如此动听的歌曲。知道王洛宾的大名，还是近一年的事情。

三毛游览敦煌、吐鲁番。而这次来乌鲁木齐，只是为了搭乘返台的飞机，她只有半天的停留时间。同行的旅伴们都去参观这个"优美的牧场"，三毛却独自一人径直到了王洛宾的住所。

这时的王洛宾对三毛几乎一无所知。这位西部歌王一直沉浸在自己的音乐世界，对自己歌曲以外的人和事知之甚少。他只知道三毛是个名气非常大的台湾女作家，但是大到什么程度，又写过哪些书，不曾有过了解。在简短的对话中，他向三毛讲述了自己的歌曲和人生经历。

傍晚，王洛宾到三毛下榻的宾馆准备为她送行，谁知刚在服务台说了一声"找三毛"，就像捅了蜜蜂窝，男女服务生们奔走相告，霎时间搬来一摞摞大陆出版的三毛著作，围着三毛请她签名，以致专程来送行的王洛宾，根本和三毛说不上话，只得匆匆告辞。

三毛看到王洛宾要走，赶紧跑出宾馆送别，她站在大门口朝着远去的王洛宾蹦蹦跳跳，大喊大叫："记得给我写信啊！回去就写，等我到了台湾就能看到你的信啦！"

王洛宾回头张望，被三毛那种毫不掩饰的热烈感动了。这样的三毛就像是一个孩子，不由得让他感动，也觉得可爱。

二人相识的经过，就是如此简单，没有多么特别的地方，也没有任何异常。王洛宾在那时的企盼，就是等待三毛为他写的书和电影。然而回到海峡另一边三毛，心绪却再也不能平静了。她深深地为王洛宾的人生经历和艺术才华所倾倒，这种倾倒里同时包含着敬仰与爱慕，同情与怜惜……

有人说，爱情中的怜惜是一种完全发自内心的、愿为对方的快乐与幸福付出的心态，一种不由自主地想把对方置于自己的保护之下、提供情感和身体保护的强烈的冲动，因而极尽所能地宠他，心疼他，不管事实上自己是否比对方更强大。或许，三毛对王洛宾就是这样一种怜惜。

三毛自己也说不清，那究竟是一种什么样的感情。她觉得自己的心和这位老人已经连在了一起，难舍难分。她用她丰富的想象力，无数次描摹着这位饱经磨难的艺术家的风采。渐渐地，他们之间年龄的差距模糊了，在精神上，他们逐渐融为了一体。

不是归人

越等待，我心中越爱。
等待，等待，等待，等待，
我永远在等待！
你永远不再来，
对着那橄榄树独自膜拜，
每当月圆时，

　　有些感情，只能相望无法相守，有些爱珍藏在心里便是永恒，有些感情不需要诠释，一个凝眸、一声懂得就已足够，纵然没有天长地久的相守，却是真真实实的牵念。

　　海峡两岸，鸿雁传书。在短短三个多月的时间里，三毛与王洛宾往来六封信件。王洛宾垂暮的心似乎也感到了什么，他写信对三毛说："萧伯纳有一柄破旧的阳伞，其实它早就已经失去了伞的作用，但是萧伯纳每次出门却都要带着它，因为他只把它当作拐杖用。"王洛宾自嘲而诚恳地说："我就像萧伯纳那柄破旧的阳伞。"之后，王洛宾延缓了写信的日期。三毛急匆匆来信，责怪王洛宾道："你好残忍，让我失去了生活的拐杖。"

　　三毛真挚的忘年情，恐怕除了她自己，没有人能够真正理解。她不顾一切地从台湾飞到乌鲁木齐，打算陪伴王洛宾老人共同生活。她是想用自己女性的温柔，抚平岁月在王洛宾身上留下的伤痕。而面对三毛真挚的感情，王洛宾显得有些手足无措。

　　清凉的月光里，手捧一杯茶，风干的玫瑰花在水中曼妙地盛开。三毛静静地望着，心事千千结为花，悄悄开放在思绪里。痴痴地眺望着远方，些许迷离，些许凝望，那些擦肩而过的憧憬，那些流浪的感情激流，如青纱般迷蒙在茫茫的记忆长廊。听着那一曲曲伤心的情歌，勾起了多少伤心的往事。凝望这一片片深邃的夜色，赋予了多少无言的神伤。无情的年华啊，藏了多少牵挂？沉默的你啊，何时能给我一个解答？

　　一九九〇年八月，三毛在北京为电影《滚滚红尘》补写旁白后，便独自一人带着沉甸甸的皮箱，来到了乌鲁木齐。在这只皮箱里，装满了她长期居住所需要的衣物，也装满了她炽热的感情。她不再像以前那样请旅行社安排她的行程，她这次是要回家，回她在乌鲁木齐的家。三毛早已在心中认定，乌鲁木齐有一个属于她的家。

八月二十三日傍晚，三毛搭乘的飞机缓缓降落在乌鲁木齐机场。在北京的几天实在是太紧张了，这时的三毛看起来相当疲倦，她实在太累了，真想美美地睡上三天三夜。空姐优美的声音从扩音器里传出来，飞机已经降落在乌鲁木齐机场了。三毛在听到这一消息后顿时亢奋起来，终于到了！到家了！在这个遥远的地方，她将远离一切尘嚣，卸去名人的光环，只有他和她相伴，两人将在这里开始属于自己的生活。

他来了。三毛在飞机上清楚地看到了他。他穿着精致的西装，领带打得很规则，整个人显得神采焕发。三毛在心想："洛宾啊！你又何必如此正规，像迎接什么贵宾似的讲究礼仪？我不就是你的'平平'吗？随便一些，轻松一些，不是更好吗？"

啊！情形不对，一群扛着电视摄像机和灯光器材的人，突然拥上飞机。这是要干什么？三毛下意识地想转身躲进机舱，但是，王洛宾已经登上了舷梯，并且还送来了一束鲜花。刺眼的水银灯突然亮了，摄像机镜头对准了三毛。

"我抗议！"脸色苍白的三毛，发出了无力的声音。王洛宾赶紧向她解释，这是为了拍摄一部关于他本人的电视片。

原来，乌鲁木齐几位年轻的电视新闻工作者，正在筹划拍摄一部反映王洛宾音乐生涯的纪录片。听说三毛要来，编导人员便精心策划了这一场欢迎三毛的"戏"，准备拍摄编入纪录片，以壮声威。王洛宾没有办法，只好依从编导们的要求，积极配合。

三毛心中很不是滋味，她来乌鲁木齐，完全是她和王洛宾两人之间的私事，这是他们两人自己的生活。谁知道，自己还没下飞机，就完全暴露在公众面前。为了不让王洛宾扫兴，为了王洛宾的纪录片，她努力忘掉刚才的不开心，强迫自己露出了一个疲倦的微笑，轻轻道了一声"对不起"。

三毛怀抱鲜花，在王洛宾陪伴下，出现在机舱口。他们两人简直就像国王和王后，并肩挽臂，步下舷梯，在机场出口接受了十多名童男童女的献花。走过大半个地球的三毛，第一次受到了如此隆重的欢迎。等到钻进汽车，随着"砰"的关门声，外面的喧嚣好像都被隔住了。三毛迫不及待地点燃了一支香烟，把自己放逐在烟雾中。

终于到家了，三毛在台北就曾写信对王洛宾说，希望这个寓所里能有她的一个容身角落，哪怕是睡沙发，她也会感到无限的快乐。睡沙发大可不必，王洛宾在这间三室一厅的寓所里，早就为三毛的到来准备好了一切，有床，有书桌，还有台灯。

三毛打开随身携带的皮箱，拿出一套非常精美的藏族衣裙，这是她在尼泊尔旅行的时候特意订做的。她知道那个美丽动人的故事，一个叫卓玛的俊俏藏家女孩，曾经在年轻的王洛宾身上轻轻地打了一鞭。一鞭钟情，随即就有了世代名曲《在那遥远的地方》。今天，三毛穿起藏式衣裙，陪伴年近八旬的王洛宾老人，试图唤醒那久远的记忆——艺术家的心，永远年轻。

　　三毛和王洛宾开始商量，怎样布置房间，应该配什么色彩的地毯，等等。她要设法让这所宽大冷清的住宅充满生机，她要让王洛宾老人的生活充满朝气。

　　她还从台湾给王洛宾带来了民歌磁带，那里面就有王洛宾的作品。她还带来了现代摇滚，想借此把老人从自我封闭的情感中拉出来，步入时代潮流的音乐天地。他们经常各骑一辆脚踏车，奔走在乌鲁木齐的街头，进出百货公司、瓜果摊、菜市场。

　　她要过一个普通人的生活，就像在撒哈拉沙漠那样，自己买菜煮饭。只有在经历了真实的生活之后，她才能写出真实动人的故事。

　　不知道为什么，电视摄制组的开拍日期，偏偏选在了三毛到达的那一天。接下来几天，他们不是把王洛宾拉出去拍外景，就是到王洛宾的寓所来实拍。纷纷扰扰，熙熙攘攘，这种喧闹打破了三毛一直习惯的宁静生活。

这一天，编导们说要拍三毛访问王洛宾的"戏"，三毛再次充当了演员。编导为三毛设计了一系列动作：身穿睡衣，蹑手蹑脚地走到王洛宾的卧室门前，再轻手轻脚地把从台湾带来的歌带放在王洛宾卧室门口。这完全是在做"戏"。三毛忍耐着把"戏"演完。按照导演的安排，把早已送给王洛宾的磁带拿回来，再对着镜头表演一番。

拍完这场"戏"，三毛就病了。她再也忍受不了被人摆弄的滋味，但又不能发作出来，只好闭门不出，拒绝见任何人。三毛感到委屈，她觉得没有人了解她，她陷入了深深的痛苦之中，她在心中不止一次地呼喊："洛宾啊！你为什么要引来那么多人介入我们的生活？难道拍电视片比你我本人更重要吗？"

但是王洛宾一点儿也没有察觉到三毛的不愉快。他请来医生为三毛看病，还特意找来一个女孩照料她的起居。而他自己，仍然不分昼夜地忙于摄制组的拍摄活动。

身体和精神的双重痛楚不停地折磨着三毛，她开始失望。潜在的名人意识让她怀疑自己是否正在被利用。心中的无名之火，愈积愈烈，就像地下岩浆，随时等待着喷发的那一刻。

这天，三毛下厨炒菜，王洛宾盛饭。和往常一样，他给三毛盛了不到一碗的饭。两个人面对面坐着，正要用餐时，三毛突然发作："你盛那么少，想要饿死我呀！"

王洛宾大惑不解，呆呆地看着脸色煞白的三毛。三毛却怒火中烧，近于歇斯底里地大喊："我杀了你！"王洛宾更加莫名其妙，他默默地坐着，等待三毛的下一个动作。

三毛冲到客厅，拿起电话筒，找旅行社，订房间，订机票，收拾行囊，一系列动作一气呵成。然后她带着那只沉甸甸的皮箱，离开了王洛宾的家。

这是怎么啦？问题出在哪里？事后，王洛宾只是说，三毛的性格有点儿怪。三毛自己也说："我就是这么怪怪的。"

就在这天晚上，三毛在旅行社的安排下，飞往喀什。断线的思绪，在冷冷的空气中凝固。

三毛在思索。人生经历，生存环境，观念形态，诸多的不同，使她和王洛宾之间，无法疏通三十多岁的年龄差距所造成的鸿沟。三毛终于明白了：年近八十的王洛宾，生活刻下的伤痕太深太深，仅凭着她的一颗爱心，远不能抚慰这位老人深重的心灵创伤。

喀什噶尔的风，吹散了三毛心中郁积的阴云，冷却了三毛滚烫的心。两天后，当她再回到乌鲁木齐的时候，她已经完全恢复了往日的平静。当王洛宾寻至宾馆前来探望时，三毛情不自禁地扑上去，抱住王洛宾放声大哭。嘤嘤哭声，有自责，有怨艾，包含着无言的理解和友情。

雨过天晴，风平浪静。三毛在心中将王洛宾定位为一位饱经磨难的民歌大师，一位令人尊敬的前辈，一位值得信任的朋友。她愿意做他的一根火柴，把自己烧得粉身碎骨，给他添一点儿温暖。

　　爱上一生也不能牵手的人，这注定就是个写满眼泪与忧伤的故事。两人最终还是没能走到一起，生活背景的差异，人生价值观的不同，让他们最后还是选择做了朋友。

　　慢慢地才明白，有多少爱可以重来，有多少人愿意等待，有多少亲情可以不顾，有多少距离可以超越。只有经历过，感受过，等待过，难忘过，才会懂得。

第八卷
Chapter · 08

旧事萦怀成一梦

彼岸情牵

中国这片海棠叶子，实在太大了。而我，从来不喜欢在我的人生里，走马看花、行色匆匆。面对它，我犹豫了，不知道要在哪一点着陆。终于选择我最不该碰触的、最柔弱的那一茎叶脉——我的故乡，我的根，去面对。

　　浮云大海间，开花的两岸。一边是大陆，一边是宝岛匆匆的客船。日夜往返为何不见？回还心灵之间，一边是故园长长的丝线，一边是游子魂牵梦绕的思念。一样的两岸，一样的海堤，一样的乡愁。芳草萋萋，半世的离愁。

　　这浓浓的乡愁，是浮在三毛心头的一朵云。这朵浮云，终在一九八九年被拂去。

　　一九八七年，台湾当局宣布，可以准许部分台湾居民回祖国大陆探亲。消息一经传出，全岛欢腾。祖籍浙江舟山的三毛，更为欣喜若狂。听到这个消息，她抱着邻居退伍老兵又喊又哭，叫着："可以回大陆了！可以回大陆了！"

三毛在重庆出生，一九四九年跟随父母从上海离开，来到台湾。此后她再不曾回去过。尽管四年的襁褓和幼童时代的生活，没有让她对大陆留下太过深刻的印象，但"血浓于水"的亲情絮语，她总挂在嘴边，对回大陆的感情，她似乎比父亲陈嗣庆还要来得强烈。

一九八八年春，陈嗣庆当年在南京的老同事倪竹喜先生，从浙江舟山捎信到台北，问讯陈嗣庆。三毛大为兴奋，并踊跃代父回信。她在信中告诉倪叔叔：她将于翌年返回大陆，代表父亲看望故友乡亲。

一九八九年四月，在隔绝了四十年后，三毛首次返回大陆，延续起故园那根长长的丝线。由宁波白峰开往舟山的渡轮上，三毛本色依旧。红色的运动衫，深蓝的牛仔裙，一顶褐色绒线贝雷帽，衬得她越发干练飘逸。浪迹天涯四十载，跑遍世界五十国，漂泊流浪，终忘不了故国的根。舟山女儿回来了！

热情的船长邀请三毛来到驾驶室，对她说："我们用海员的最高规格——拉汽笛来欢迎您，您自己拉吧！"三毛抓住拉柄，用力一拉。汽笛长鸣，深埋在她心头四十年的绵绵乡愁，得了释放的出口。

下午六时，渡轮终于缓缓靠上了鸭蛋山码头。岸上站满了欢迎的人。三毛下船的第一句话是："倪竹喜叔叔来了没有？"不仅倪竹喜叔叔来了，堂姐陈坚也来了。见过面的、没见过面的亲朋，围了几层。三毛含着泪，拥抱了老人，孩子般地说："竹喜叔叔，我三岁时，你抱过我，现在也让我抱抱你！"

三毛的泪水，从上岸起就没有停止过。有记者问她此刻的心情，她答："我的心情……悲喜交集，好像是在梦中，不相信是真的。"

彼岸花放肆地开。日复一日，年复一年。或许，每个人的内心深处都有一片彼岸花，悄无声息地盛放，当此岸的你在尘世中走走停停，她们依稀摇曳的身姿总牵引着你。终有一天，你会停下脚步，去探寻那原初的世界此岸与彼岸的关联。

故城追远

身为中国人，我们的生命里背负着故乡这个地理上的名词，但很遗憾的是（从前）不能回来。也很高兴，因为从来没有在这里生长，这个土地就变成了我的心肝宝贝。

花开有时，花落无形。人，生命虽有终，却可以通过子嗣的延续，达到另一种意义的永生。更为后人所敬仰，受千万人的膜拜。祭祖，血脉绵延的祭奠。后人对祖先的追思和敬慕，沉淀的是一种道德，一种文化。

《小娘惹》，新加坡一部极具华人色彩的电视剧。在剧中，每一家华人的祠堂都挂着一幅匾额：追远。剧中的女主角月娘，挨打时会望着"追远"一笔一笔记忆，忘却疼痛；老人的寿辰，一方简单绣着"追远"二字的手帕，瞬间便打动了老人的心。

追远——月娘说，我们要永远记得我们从哪里来，不能忘了我们的源头。每个人都要知道自己是从哪里来，那么才能坚定地往下走，不然就一直漂泊，没有归属感。

回乡祭祖的三毛，心中涌动的，应是这一番心情吧。

定海城关的一座旧宅，住着她的一位堂伯母。八十六岁的老人被扶到沙发上，三毛双膝跪定，恭恭敬敬磕了三个头。礼毕，又亲昵地偎依到老人肩旁，用地道的舟山话与老人叙起家常。

两天后，三毛来到小沙乡陈家村祭祖。踏上小沙村的土地，她泪流满面，呜咽着："我盼了四十年，终于实现了梦想。"寻根之情，溢于言表。

在陈家祠堂，三毛照闽南习俗，在供桌前点燃六炷清香，放在列祖列宗的牌位前，随后合掌举香至额头，极郑重地施以祭礼。

从祠堂里走出来，三毛便上山给祖父陈宗绪上坟。祖父坟前，她脸上贴着墓碑，悲切地呼唤："阿爷，魂魄归来，跟平平说说话……"一边说话，一边泪如雨下。祭奠完祖父，三毛撮起一把泥土，放进早在台湾就准备好的麦秆小盒中，对众人道："故乡的土是最珍贵的东西，生病了，只要拿它泡水喝，病就会好。"

恋土恋亲之情，三毛吐露得凄凄楚楚，真真切切。她的礼节、情感，犹如一位中国旧式妇女一样。磕头、烧香、唤魂……这些原本应属于父辈的礼行方式，三毛做起来，自自然然，竟然看不出一点儿做作。

离开家乡之前，三毛带着感情对记者说，她热爱故乡，特别是喜欢乡亲们称呼她为"小沙女"。她还说，要用"小沙女"做她的第二个笔名。

在舟山，三毛停驻的时间不长，但把全副身心都融入了这片梦萦的土地。一颦一笑，举手投足间，思乡恋土之情灼然可见。

一年之后，一九九〇年四月，三毛开始了第二次大陆之行。

逝者已矣，可以安息。生者，仍将负重前行，为自己，也为别人。掸落红尘，拨开浮华的虚幻，看清这个复杂而多彩的世界，静守岁月的美好，且行且惜。

苏园别梦

姑苏，苏州，林黛玉的故乡，而那位林妹妹是《红楼梦》里非常被人疼惜的一个角色。

苏州的记忆，源自叶圣陶的《苏州园林》，张继的《枫桥夜泊》。无论是叶老笔下的特色园林，还是唐代诗人描摹的霜天、残月、栖鸦、渔火，无不意境悠远，引人遐想，吸引众人对这座素有"人间天堂"美誉的地方神往不已。

相比皇家园林的宏大富丽，苏州的私家园林则以小巧、精致、写意见长。游览苏州园林，无论你站在哪个点上欣赏，眼前的园林总是一幅完美的图画。余秋雨先生曾言，只有苏州才能给他一种真正的休憩。

苏州柔婉的言语，姣好的面容，精雅的园林，幽深的街道，吸引着各方游客，给人以感官上的宁静和慰藉。然而回大陆的三毛，面对这万般美景，只想到一个可人儿：

从此，苏州五日，成了一个林黛玉，哭哭笑笑，风、花、雪、月。

她心心念念的，只是祖籍苏州的林妹妹，就连置身于苏州家中的庭院里，她还是会不由自主地想到黛玉：

走进苏州小院，笑道："这个院子跟照片里的，不同。照片里的中国名园，看了也不怎么样，深入其境的时候，哎——"不说话了。

旁边的人问："跟照片有什么不同呢？"

又道："少了，一阵风——吧！"

这时，微风吹来，满天杏花缓缓飘落地上。众人正要穿越花雨，三毛伸手将人拦住，叫道："别动，且等，等林妹妹来把花给葬了，再踩过去。林妹妹正在假山后面哭着呢，你们可都没听到吗？"

当日黛玉葬花，千愁百转，念出"一朝春尽红颜老，花落人亡两不知"时，宝玉不觉恸倒在山坡上，这样的感念在他胸臆也徘徊良久，只不过，黛玉用一种优美的方式将它们遣出。

安妮宝贝曾经在书中写过她喜欢的漂亮女生：

她会很直接，那种直接是纯真而尖锐的。你因为其中的纯真而不设防，所以就会因为其中的尖锐而受伤，所以这样的女子又是有杀伤力的。同时她又是情绪化的。她不会太压抑自己的感情。高兴的时候会有缠人的甜蜜，悲伤的时候会泪如雨下。真性情的女子，总是容易带给别人爱情的感觉。

这段话非常符合黛玉，亦非常符合三毛。她们都是纯真而尖锐的，她们都不愿意压抑自己的感情，她们都是真性情的女子。

大观园的世界对于黛玉来说是陌生的，这样陌生的世界给了她孤独的感觉，她只能将所有的希望都放在宝玉身上，只怨那如意郎君个多情种，"相见不如不见"，事后却又彼此眺望悲伤的背影，嘴里念叨着："相思竟如一日三秋，怎叫人知茶饭滋味？"她玉壶冰心，晶莹剔透，真情可跟牡丹媲美，才华亦与日月争辉。"菊花赋诗夺魁首之才气，海棠起社斗清新之高雅，纤手描摹白纸线书之淡愁"，无不诠释着她的超凡脱俗。

然而才女的结局一向凄悲。曹著的红楼应不似高鹗所续，黛玉之死或别有情节。寒塘渡鹤影，冷月葬诗魂，黛玉似在一个"风露清愁"的月圆之夜，自沉荷塘而逝，如此才清清白白。她的清白而死，完成了宝玉对青春女儿的精神崇拜，她的主动求死，宣告了她和宝玉对弄权世家的否定与背叛。三毛的心意或许与黛玉相同，那么热爱生命的人，大概也不想看到自己憔悴的一幕，唯有这样，才能真正拥有永不凋零的美。

父爱如光

在现今的三毛还没有出生以前，张乐平已经创造了一个叫三毛的孤儿——这个孩子和父母是无缘的。所以，这个叫三毛的女子，也就和那个叫三毛的小人儿一样，注定和父母无缘。即使是回家吧，也不过只得三天好日子而已。

父爱如一盏明灯，明亮持久，默默地在人生道路上指引方向，给人希望和勇气。父爱如一道山梁，它巍峨耸立，坚如磐石，驿动的心往往会忽略它的存在，也许体会父爱如同品茶，口味不一，却都会余味绵长。

关于品茶，三毛说：第一道苦若生命，第二道甜似爱情，第三道淡如微风。也许父爱如同这番品茶滋味。

三毛本名陈平，"三毛"是发表作品时的笔名。众人所知，还有一个"三毛"，则是民国时期享誉海内外的漫画人物。创作这一男孩形象的张乐平先生，在某种意义上，给了台湾的陈平第二次生命。

因为小时候喜爱"三毛"系列漫画，遂把名字更改，还因此认了义父，或许唯有三毛能如此洒脱旷达。在给义父张乐平的第一封信中，三毛写道：

在我三岁的时候，我看了今生第一本书，就是您的大作《三毛流浪记》。后来等我长大了，也开始写书，就以"三毛"为笔名，作为对于您创造的那个三毛的纪念。在我的生命中，是您的书，使得我今生今世成了一个爱看小人物故事的人。谢谢您给了我一个丰富的童年。

"三毛"是一个令人疼爱又总是长不大的经典形象，少年时代的三毛对这个永远流浪着的"三毛"有种说不出的喜爱。在她开始文学创作后，便以此为笔名，即寓意自己永远是一个令人疼爱又长不大的孩子。她或许是喜爱那种无奈的漂泊感吧！她的心，一刻也没有停止过流浪，在这一点上，两个三毛的经历或许是一致的。

张乐平曾经说过:"画三毛就是画我自己,我自己就是三毛。"

一九一〇年十一月,张乐平出生在浙江海盐县海塘乡的一个小村。父亲张舟若是乡村教师,母亲以缝衣、剪纸、绣香袋挣钱贴补家用。上小学后,张乐平放学回家,就帮助母亲剪纸样、描图案。母亲根本没想到,就是她的这种引导,开启了儿子智慧的心灵,使他日后走上了绘画的道路。

母亲在张乐平九岁时因心脏病撒手西去,失去了母亲的张乐平变得极为孤僻。有一次,他到海边玩,登上海堤,不远处就是翻滚的海浪,脚下踩的是广阔柔软的沙滩,看着自己留在沙滩上的脚印,张乐平突然有了一个想法:自己脚下踩的不就是一张现成的画不破、用不完的纸吗?于是,他捡了根芦柴,就在沙滩上画了起来。

张乐平小学毕业以后,被父亲送到上海南汇县万祥镇的森泰木行当学徒。艰苦的生活,并没有让他放弃自己的理想,而是想方设法利用一切机会来提高自己的绘画技术。

　　张乐平专心于绘画，以至受到老板的责难，而后他只好在这里
干一个月，在那里再干一个月，不断换行当，不断换老板。渐渐地，
他的作品开始在上海的各种刊物上发表。正是因为张乐平坎坷的谋
生经历给了他对社会不平的切身体会，他才能有源源不断的创作灵
感，所以他后来经常说："我的这些经历，都画在《三毛流浪记》中
了，假如没有切身的感受，我是画不出这套漫画的。"

　　无论如何，张乐平都不会想到，以"三毛"为笔名而著称的台
湾女作家三毛，在一九八九年的四月五日，跨越海峡来"认父亲"。
他经常风趣地说："没有想到画三毛会'画'出个女儿来。"

　　一九八八年六月二十日，三毛找到在湖南《长沙日报》工作的
外甥女袁志群，给《三毛流浪记》的作者、著名老漫画家张乐平带
去了一封信。八十多岁的张乐平先生，当时正因为患有帕金森综合
征，住在上海东海医院疗养。收到三毛这封意外的来信，便口述了
一封回信，还用病得颤巍巍的手，一笔一歇，艰难地画了一幅三毛
像，赠给三毛。

双方的通信开始变得频繁起来。到了第三封信的时候，三毛已经开始称张乐平为"爸爸"，并说："三毛不认三毛的爸爸，认谁做爸爸？"

随信，三毛还附了一张照片，背面写着："你的另一个货真价实的女儿。"

张乐平很感动，那时的他逢人便说："能在晚年认上这么个'女儿'，应该是我一生中的一件快事了。我多子女，四男三女，正好排成七个音符。这一回，三毛再排上去，是个'i'，是我家的'女高音'。"

一九八九年四月五日，三毛和张乐平在香港工作的四儿子张慰军，同机到达了薄暮中的上海虹桥机场。上了车，直驶徐家汇五原路的张乐平家。

老画家张乐平拄着拐杖，站在家门前，抱病在寒风中迎接。三毛一进弄堂门口，就抱住张乐平，泣不成声地喊："爹爹，我回来了……"

　　三毛送给"爸爸"的礼物，是她的新作《我的宝贝》。张乐平送给三毛的礼物，则是她来信中要的一套涤卡中山装。三毛很喜欢这种在大陆已经过了时的服装。她到哪里也不会忘记，收藏"三毛味"的东西。她在张家，住了三天。短短三日，她和张家结下了很深的感情，她对记者说：

　　我原来一直有一点困惑，为什么一个姓陈，一个姓张，完全不相干的两个人，又隔了四十年的沧桑，竟会这样接近和沟通。现在我明白了。我和爸爸在艺术精神与人生态度、品味上有许多相似之处，所以才能相知相亲，不仅能成父女，还是朋友、知己。有这样的爸爸，这样的家庭，我感到幸福。

　　张乐平对这个漫画结缘的女儿，也颇感投缘：

　　她的性格、脾气、爱好像谁呢？看她那多情、乐观、倔强、好胜、豪爽而又有正义感，有时又显出几分孩子气，这倒真是我笔下的三毛。

　　其实父爱在很多时候都表现得很平淡，也只有在这种平淡之中，体现父爱的博大和无私。父亲总是朴实无华的，很多时候他并没有说得很多，但是也许就是他的一个眼神，一个意味深长的叹息，就会让我们感悟很多。

　　三天后，父女道别，张乐平嘱咐三毛："世事艰险，你要保重！女儿离开了父母，就靠自己了。"三毛听罢，潸然泪下。

　　这段海峡两岸的"父女"之情，给张乐平先生的晚年生活带来了莫大快乐。在一九九〇年的父亲节，三毛为了能和张乐平通话，一连四十八个小时坐在电话机旁，每隔十五秒钟就拨一次，最后把电话机都拨坏了，但还是没能通上话。后来张乐平收到她的来信，在"亲爱的爸爸"字样上，三毛特地用笔勾勒了一颗红心，并请病中的他"对抗病苦"，用顽强的毅力去迎接病魔的挑战。

爱有来生

我的这一生，丰富、鲜明、坎坷，也幸福，我很满意。过去，我愿意同样的生命再次重演。现在，我不要了。我有信心，来生的另一种生命也不会差到哪里去。

　　一梦千年，恍然而过，梦里花落知多少，醇香已逝，浓艳亦去，只留下被无情风雨雕饰过的落花静静地躺在泥土里，散发着它的余香。三毛就如同落花，在花团锦簇、繁花争艳的时节凋零了。

　　一九九一年一月二日，三毛住进了台北荣民总医院。对于体弱多病的三毛来说，住院是经常的事。这次的病因是子宫内膜肥厚，影响激素分泌。这不是什么大不了的重病，更不是什么绝症。

　　在病床上，三毛告诉母亲，她突然产生了一个幻觉："床边有好多小孩跳来跳去，有的还长出翅膀来了。"三毛的幻觉经常发生，她是个想象力非常丰富的女人。母亲没有觉察到有什么不正常。

一月三日，晚上十一点多钟。荣民总医院的值夜班工作人员查房，发现三毛病房内的灯还亮着。三毛告诉工作人员，她的睡眠状况特别不好，希望不要在晚上打扰她。

一月四日，早晨七点零一分，清洁女工走进三毛的病房内准备打扫卫生，却发现病人在卫生间里，用一条咖啡色长丝袜，自缢于浴室吊点滴的挂钩上。

上午十点四十五分，医院将三毛的遗体移交给三毛的父亲。

陈嗣庆夫妇陷入了巨大的悲痛之中。父亲决定将三毛生前精心布置好的育达商校附近的公寓，辟为她的纪念馆。

香港、台湾各大报纸，均在最显著的位置刊出了三毛自缢身亡的消息，一时压倒当时引人瞩目的国际要闻——"海湾战争"。

一些知名人士和生前好友，纷纷发表谈话，或者撰写怀念挚友三毛的文章:

三毛对生命的看法和常人不同，她相信生命有肉体和灵魂两种形式，我们应该尊重她的选择，不用太悲哀。三毛选择自杀，一定有她的道理。

三毛是很有灵性和聪明才智的，也许她是抛下有病的躯体，进入另一形式的生命。三毛的经历那么丰富，活了四十多岁就仿佛活了四百岁。

——琼瑶

三毛的死，不但她的朋友感到难过，这也是文化界的损失。三毛曾经说过很羡慕我和秦汉恩爱，她也非常想找一个关心自己、可以谈心及工作上的伴侣，可惜一直没能找到理想的对象。对于死去的丈夫，她仍然十分怀念。

她太不注意保护自己，有一次醉酒从楼梯上摔下来，断了三根肋骨，还切掉半个肺，而她却毫不在乎。我曾经劝她不要太过任性，就算自己不在乎自己的身体，也要为父母保养身体。对三毛的死，秦汉也很难过，不知道我们现在还能做什么，但我们愿为她做一切事。

——林青霞

三毛没有子女，没有寄托，加以近日电影《滚滚红尘》有褒有贬，对她也产生不小的压力，才会酿成不幸。

三毛的自杀，与肉身的病痛无关，最大的可能是来自心灵深处的空虚寂寞。三毛一直有自杀的倾向。三毛是一个戏剧性很强、悲剧性很浓的人物，三毛是因失去爱与被爱的力量才离开人世的。

——倪匡

三毛的大半生都在流浪，从台湾到马德里，辗转欧洲的许多国家。因为身体里埋着流浪的种子，流着奔腾的血液，所以总是要远离亲人，远离家乡，远离故土，不是没有感恩之情，只是人在漂泊，身不由己。三毛说自己也不知道为什么流浪，在每一个流浪人灵魂的深处总是有一种冥冥的牵引，牵引着到达心中的乌托邦。

如果有来生，要做一棵树，

站成永恒，没有悲欢的姿势。

一半在尘土里安详，一半在风里飞扬，

一半洒落阴凉，一半沐浴阳光。

如果有来生，要做一只鸟，

飞越永恒，没有迷途的苦恼。

东方有火红的希望，南方有温暖的巢床，

向西逐退残阳，向北唤醒芬芳。

——三毛《说给自己听》

要做一棵树，站成永恒。——多动人的念想。只那永恒一说，便已牵动多少人的心。树，无论在哪里生根，便可以站成永恒，即使干枯败落，那根下的泥土依旧有滋养它的养料，倒下之后，也还是那里，不动不移，永恒的姿态。

命运是件很奇妙的事情，我一直记得三毛在荷西逝去之后写的那些话："感谢上天，今日活着的是我，痛着的也是我，如果叫荷西来忍受这一分钟又一分钟的长夜，那我是万万不肯的。幸好这些都没有轮到他，要是他像我这样地活下去，那么我拼了命也要跟上帝争了回来换他。"

三毛选择做"站成永恒"的一棵树，不轻言消失与死亡，只因为有爱，只因为有与荷西的承诺。一个女子可以如此坚强，是什么力量在支撑？不依附、不依靠、不寻找，似乎认定命里既来的东西，又不屑于命运的安排。

作家司马中原曾说过：

如果生命是一朵云，它的绚丽，它的光灿，它的变幻和漂流，都是很自然的，只因为它是一朵云。三毛就是这样，她用她云一般的生命，舒展成随心所欲的形象，无论生命的感受，是甜蜜或是悲凄，她都无意矫饰，行间字里，处处是无声的歌吟，我们稍稍用心就可以听见那种歌声，美如天籁。被文明捆绑着的人，多惯于世俗的烦琐，迷失而不自知。

三毛就是一朵云，她轻轻地飘走了；三毛还是一朵花，绚丽而凄美；三毛更是一首歌，你唱着它就会生出许多遐想……

"不要问我从哪里来，我的故乡在远方。"远方到底是什么？远方就是"醒来时发觉星星四面八方，是脱去了一层又一层的束缚，身至心到的境界"。三毛追求的正是这种境界。现在，她真正自由了。想起她曾经说过一句话：

如果选择了自己结束生命这条路，你们也要想得明白，因为在我，那将是一个幸福的归宿。

此刻，只想问一声：

三毛，在与荷西相聚的天堂里，你幸福着吗？

附录一
三毛著作概述

《雨季不再来》

内容概述:《雨季不再来》叙述了二毛蜕变成为三毛的成长过程。主要以三毛的生命历程为主题,详细记录了三毛十七岁到二十二岁的一些经历,并真实地呈现出三毛少女时代的一些成长感受,从辍学、自闭、叛逆,游学西班牙、德国、美国,一直到渐渐成长为一名独立自信的青年。全书共收录了二十八篇文章。其中《当三毛还是在二毛的时候》《惑》《秋恋》《月河》《极乐鸟》《雨季不再来》《一个星期一的早晨》《安东尼·我的安东尼》《赴欧旅途见闻录》《翻船人看黄鹤楼》《去年的冬天》,均选自台湾皇冠出版社 1976 年 7 月初版的《雨季不再来》。书后附录的六封书信,均选自台湾皇冠出版社 2001 年 1 月初版的《我的灵魂骑在纸背上》《我家老二——三小姐》《我有话要说》,均选自台湾皇冠出版社 1988 年 7 月初版的《闹学记》，间接地展现了作为女儿的三毛的另一个侧面。

地位与影响：这本《雨季不再来》中透露的纯真情怀与异质美感，深刻地印证了三毛传奇性格的痕迹，对读者了解三毛的性格与为人等有很大作用。

《撒哈拉的故事》

内容概述：《撒哈拉的故事》记录了三毛在撒哈拉的生活，可以算是对三毛沙漠生活的一种写实。全书共收录了十八篇文章。其中《沙漠中的饭店》《结婚记》《悬壶济世》《娃娃新娘》《荒山之夜》《沙漠观浴记》《爱的寻求》《芳邻》《素人渔夫》《死果》《天梯》《白手成家》，出自台湾皇冠出版社 1976 年 5 月初版的《撒哈拉的故事》。特别值得一提的是，《沙漠中的饭店》原名《中国饭店》，最初发表于 1974 年 10 月 6 日的《联合报》，这是三毛第一次使用笔名"三毛"发表作品。

地位与影响：这本《撒哈拉的故事》中，可以看到三毛作为一个妻子，一个女人，优雅贤惠，善良宽容的一面；也可以看到，三毛作为一名作家，是那么热爱生活，那么热爱大自然。给予读者一种全新的感受，同时，本书也是三毛作品中知名度最高的一部，提起三毛就一定能想起撒哈拉。

《温柔的夜》

内容概述：本卷《温柔的夜》叙述了三毛在加纳利群岛的日常生活，是三毛与荷西移居加纳利群岛后的生活写照。全书共收录了十四篇文章。其中《逍遥七岛游》《一个陌生人的死》《大胡子与我》，均选自台湾皇冠出版社 1977 年 8 月初版的《哭泣的骆驼》《这样的人生》《士为知己者死》《这种家庭生活》《卖花女》《巨人》，均选自台湾皇冠出版社 1977 年 6 月初版的《稻草人手记》《五月花》《玛黛拉游记》《温柔的夜》《石头记》《相逢何必曾相识》《永远的马利亚》，均选自台湾皇冠出版社 1979 年 2 月初版的《温柔的夜》。书后附录的九封书信，均选自台湾皇冠出版社 2001 年 1 月初版的《我的灵魂骑在纸背上》。

地位与影响：在《温柔的夜》中，三毛与荷西的生活渐趋安定，三毛的创作水平也随之往更高的层次发展，书中所收录的文章都是难得一见的佳作，是三毛创作的一个转折点。

《梦里花落知多少》

内容概述：本卷《梦里花落知多少》描述了荷西过世后三毛独自一人的孀居生活，向读者展现了三毛渐渐走出人生低谷，再次坚强面对生命的心路历程。全书共收录了二十三篇文章。其中《背影》《荒山之夜》《克里斯》，均选自台湾皇冠出版社 1981 年 8 月初版的《背影》《不死鸟》《明日又天涯》《归》《梦里梦外》《不飞的天使》《似曾相识燕归来》《梦里花落知多少》，均选自台湾皇冠出版社 1981 年 8 月初版的《梦里花落知多少》《一生的战役》，选自台湾皇冠出版社 1983 年 7 月初版的《送你一匹马》《狼来了》《夏日烟愁》《你从哪里来》《如果教室像游乐场》《春天不是读书天》《我先走了》《求婚》《星石》《吉屋出售》《随风而逝》《E.T. 回家》《重建家园》，均选自台湾皇冠出版社 1988 年 7 月初版的《闹学记》。

地位与影响：在这本《梦里花落知多少》中，三毛的文学创作达到了高峰，在文学上、心情上都与早期大不相同，故事叙述极为内敛、笔调也是哀而不伤，极易与读者产生共鸣。

《万水千山走遍》

内容概述：《万水千山走遍》记录了三毛游历中南美洲多个国家以及首次回归大陆的旅行见闻，全书共收录了十八篇文章。其中《大

蜥蜴之夜》《街头巷尾》《青鸟不到的地方》《中美洲的花园》《美妮
表妹》《一个不按牌理出牌的地方》《药师的孙女——前世》《银湖之
滨——今生》《索诺奇——雨原之一》《夜戏——雨原之二》《迷城——
雨原之三》《逃水——雨原之四》均选自台湾皇冠出版社 1982 年 5
月初版的《万水千山走遍》。书后的附录收入《一封给邓念慈神甫的
信》《飞越纳斯加之线》，均选自台湾皇冠出版社 1982 年 5 月初版的
《万水千山走遍》《远方的故事》，选自台湾皇冠出版社 1982 年 5 月
初版的《高原的百合花》。

　　地位与影响：本书《万水千山走遍》对南美洲的许多著名景点
都有细致描写，极大地满足了读者对于探索神秘异国的渴望，是一
本不可多得的优秀旅游游记。

附录二 参考书目

[1] 三毛.《雨季不再来》.北京十月文艺出版社，2007 年版.

[2] 三毛.《撒哈拉的故事》.北京十月文艺出版社，2007 年版.

[3] 三毛.《温柔的夜》.北京十月文艺出版社，2007 年版.

[4] 三毛.《梦里花落知多少》.北京十月文艺出版社，2007 年版.

[5] 三毛.《万水千山走遍》.北京十月文艺出版社，2007 年版.

[6] 刘兰芳（编）.《美丽与哀愁——一个真实的三毛》.东方出版社，2006 年版.

[7] 崔建飞，赵珺.《三毛传》.文化艺术出版社，1995 年版.

[8] 朱自清.《欧洲之旅》.陕西师范大学出版社，2005 年版.

[9] 蔡惠美.《魔幻南美洲》.安徽文艺出版社，2007 年版.

[10] 张奋泉，魏同超，辛欣.《非洲之旅》.广东旅游出版社，

2007 年版.

[11] 张荣生.《美洲印第安艺术》.河北教育出版社,2003 年版.

[12] 蓝凡文化工作室(编著).《黄金之国:失落的印加帝国》.上海文化出版社,2002 年版.

[13] 沈小榆.《失落的文明(印加)》.华东师范大学出版社,2003 年版.

[14] 加纳利(著),蒋雨田(译).《世界文明系列——神秘印加》.北京科学技术出版社,2007 年版.

[15] 福格特(著),刘玉民(译).《20 世纪德国艺术》.上海人民美术出版社,2001 年版.

[16] 谭余志(编著).《德国诗歌名家名作选读》.上海外语教育出版社,2005 年版.

[17] 刘雪枫.《德国音乐地图》.作家出版社,2006 年版.

[18] 林呈谦(编著).《快意畅游——开始在德国自助旅行》.旅游教育出版社,2008 年版.

[19] 范毅舜.《德国文化遗产之旅》.三联书店,2008 年版.

[20] 丁建宏.《大国通史:德国通史》.上海社会科学院出版社,2007 年版.

[21] 杨峥（编）.《留学德国全攻略》.中国宇航出版社，2004年版.

[22] 李伯杰.《德国文化史》.经济科学出版社，2002年版.

[23] 弗·威·谢林（著），魏庆征（译）.《艺术哲学：德国古典美学的经典》.中国社会出版社，2005年版.

[24] 王茂平，殷瑜，陈虹嫣（编著）.《德国名校风采》.上海外语教育出版社，2000年版.

[25] 上海光大会展中心国际大酒店（编著）.《德国菜》.上海科技教育出版社，2003年版.

[26] 宋健飞（编）.《衣食住行在德国》.外语教学与研究出版社，2002年版.

[27] 林达.《西班牙旅行笔记》.三联书店，2007年版.

[28] 董燕生.《西班牙文学——北京外国语大学外国文学史丛书》.外语教学与研究出版社，2003年版.

[29] 夏威尔·古埃尔（著），曹新然（译）.《安东尼·高迪——西班牙建筑大师》.辽宁科学技术出版社，2005年版.

[30] 狄利（著），马波（译）.《匪夷所思的印加人：太阳神子民的灭族传奇》.中州古籍出版社，2007年版.